咖啡馆经营者
养成笔记

武钰峰 著

人民邮电出版社

北 京

图书在版编目（CIP）数据

咖啡馆经营者养成笔记 / 武钰峰著. -- 北京 ：人
民邮电出版社，2018.9（2023.3 重印）
（新零售时代个人创业指南）
ISBN 978-7-115-48840-4

Ⅰ．①咖… Ⅱ．①武… Ⅲ．①咖啡馆－商业经营
Ⅳ．①F719.3

中国版本图书馆CIP数据核字(2018)第153230号

内 容 提 要

开咖啡馆，是一件需要情怀的事情，但只停留在"情怀"层面，永远不能真正拥有一家独立咖啡馆。为了帮助每一个想开咖啡馆的人放弃情怀、落地梦想，本书浓缩作者8年的咖啡馆经营理念与方法，围绕不同类型独立咖啡馆，梳理开店筹备、定位选址、知识储备、菜单设计、设备选购、装修陈设、视觉传达、员工管理、营销推广等全流程的常见问题与操作细节，全方位揭秘咖啡馆经营之道，力求手把手教会读者如何从无到有经营一家甚至多家独立咖啡馆。

本书内容丰富，体系完整，语言平实自然、轻快活泼，既是有志于经营咖啡馆人士的创业指南，也可供对咖啡馆有情怀的非咖啡馆从业人员阅读了解。

◆ 著　　　　武钰峰
　　责任编辑　恭竟平
　　责任印制　周昇亮

◆ 人民邮电出版社出版发行　　北京市丰台区成寿寺路 11 号
　　邮编　100164　　电子邮件　315@ptpress.com.cn
　　网址　http://www.ptpress.com.cn
　　北京虎彩文化传播有限公司印刷

◆ 开本：700×1000　1/16
　　印张：12.5　　　　　　　　　　2018 年 9 月第 1 版
　　字数：210 千字　　　　　　　2023 年 3 月北京第 22 次印刷

定价：49.80 元

读者服务热线：(010)81055296　印装质量热线：(010)81055316
反盗版热线：(010)81055315
广告经营许可证：京东市监广登字 20170147 号

咖啡是舶来品，咖啡馆也是舶来品。在中国，咖啡行业属于朝阳行业，还没有形成成熟的理论体系，咖啡馆虽然属于餐饮业，但其和传统的餐饮行业有很大的不同。咖啡馆独特的魅力吸引很多年轻人奋不顾身地投身于斯，但很多都折戟沉沙，铩羽而归，其中多数原因是不少年轻人空有一腔热血，却忽略了经营管理的规律，导致咖啡馆经营失败。如何才能顺利地开一家独立咖啡馆，并成功地坚持下去，这是本书要解决的问题。

作者将 8 年的独立咖啡馆的经营管理经验，浓缩成本书奉献给读者。本书采用了大量的图表与案例分析，行文深入浅出、图文并茂，将枯燥生硬的理论知识和经营独立咖啡馆的趣味小事相结合，用浅显直白的语言娓娓道来，抛开情怀，直面经营管理，从策划筹备到经营管理再到运营推广，手把手地教读者开一家咖啡馆。相信大家会跟随本书一起，愉快地开始自己的咖啡馆之旅。

因受作者水平和成书时间所限，本书难免存有疏漏和不当之处，敬请指正。

本书特色

1. 以经验为基础

目前市场上畅销的关于开咖啡馆的图书的作者多数没有实际经营管理独立咖啡馆的经验，本书作者经营自己的独立咖啡馆已经 8 年，作者在这 8 年时间经营过多种不同类型的独立咖啡馆，经营管理经验丰富，以经验为基础，给读者以指导。

2. 抛弃情怀

目前市场上畅销的关于开咖啡馆的图书多以情怀为基础，只是一味地讲情怀，并不能教大家如何做好一门生意。本书作者不谈情怀，只谈经营管理之道，从细节着手，教读者经营管理咖啡馆。

3. 图文并茂

目前市场上畅销的关于开咖啡馆的图书配图多是各个咖啡馆的照片，这种照片并不能给读者以指导，本书作者利用大量图表和技巧来告诉读者如何经营管理一家咖啡馆。

本书内容及体系结构

第1章　辞职去开咖啡馆

本章解决了所有想开咖啡馆的读者非常关注的一个问题："开一家咖啡馆需要多少钱？"每一个想开咖啡馆的朋友都非常关注这个问题，本章不仅解决了"资金"的问题，还解决了筹备中可能遇到的其他一些问题。

第2章　8年开过4种咖啡馆

本章阐述了"开一家咖啡馆应该如何选址"的问题。选址是开咖啡馆的第一件大事，但是在选址之前，还要先对咖啡馆进行定位。本章以作者开咖啡馆8年的实践经历为基础，告诉读者各种类型的咖啡馆应该如何定位、如何选址。

第3章　一边开店一边学

本章讲解了"开一家咖啡馆需要学习什么"的问题。开咖啡馆之前不能打无准备之仗，开咖啡馆之后也不能放弃学习。本章告诉读者经营管理一家咖啡馆要学什么，为什么要学这些。

第4章　卖过无数种产品

本章主要解决了"开一家咖啡馆应该怎样设计菜单"的问题。菜单承载着一家咖啡馆希望呈现给顾客的所有信息。咖啡馆应该卖什么产品？产品卖多少钱？菜单上都要呈现什么？本章手把手教读者如何设计一版能够吸引消费者目光、刺激消费者点单的菜单。

第5章　工欲善其事必先利其器

本章主要解决了"开一家咖啡馆需要什么样的设备"的问题。工欲善其事必先利其器，开一家咖啡馆需要什么样的设备？本章列举了很多失败教训，告诫读者在选购设备时不能贪图便宜，要考虑性价比，选择最合适的设备。

第6章　选择装修风格最头疼

本章阐述了"开一家咖啡馆需要什么样的装修风格"的问题。装修对于咖啡馆来说是步入实质性阶段的一步。如何选择装修风格、如何设计、如何施工，读者不一定有工装的经验，也不能将家装的经验套用，本章将教会读者如何才能把咖啡馆装修得更精美。

第7章　咖啡馆的视觉传达要做好

本章讲解了"开一家咖啡馆需要什么样的视觉识别系统"的问题。视觉识别系统是一家咖啡馆的颜面，一家咖啡馆是不是吸引人，消费者只通过视觉识别系统就在心中有了定论。独立咖啡馆应该如何设计符合自身特点的视觉识别系统是本章要重点解决的问题。

第8章　那些难管的店员们

本章阐述了"开一家咖啡馆需要怎样管理员工"的问题。员工是一家咖啡馆成功与否的关键一环，要让员工对咖啡馆有主人翁意识，要让员工开心快乐地工作，才能提高工作效率。咖啡馆不同于办公室，本章可以帮助咖啡馆老板有效地管理日益有个性的年轻人。

第9章　独立咖啡馆都是"卖老板"的

本章解决了"开一家咖啡馆需要怎样做营销推广"的问题。开咖啡馆容易，持续经营很难。本章从推广品牌和推广产品两个方面入手，手把手地教读者在这个"酒香也怕巷子深"的年代，如何营销推广自己的独立咖啡馆，才能达到盈利的目的。

第10章　像我一样开咖啡馆

本章阐述了"开一家咖啡馆是种怎样的体验"的问题。开咖啡馆的目的是什么？开咖啡馆的意义在哪里？本章分享了作者在经营管理独立咖啡馆的过程中的诸多趣事，告诉读者想要开咖啡馆就行动起来，不要犹豫，成功属于每一个敢于行动的人。

本书读者对象

- ❀ 计划开咖啡馆的读者。
- ❀ 已经开了咖啡馆的读者。
- ❀ 在咖啡馆工作的读者。
- ❀ 其他对咖啡行业有兴趣爱好的读者。

第1章 辞职去开咖啡馆

第2章 8年开过4种咖啡馆

第3章 一边开店一边学

第4章 卖过无数种产品

像我一样开咖啡馆

第 1 章

辞职去开咖啡馆

　　2009 年 12 月 19 日，辞去工作后的我一手创办了阿布阿布咖啡馆，至今已经走过 8 个年头。8 年来我一直在经营阿布阿布咖啡馆，从未间断。开一家咖啡馆需要多少钱？这是别人问我最多的问题。这个问题真的不是用一个数字就能解决的，而是要深入了解这个行业之后才知道最终的答案。

01

1.1 辞职去开咖啡馆

2008 年大学毕业，我的第一份工作和毕业无缝衔接，那是一份在外人看来无比光鲜但是在我看来无比辛苦的工作。大学毕业前夕，我就打算自主创业，只是苦于没找到合适的项目，所以毕业后就听从了家人的意见暂时去工作。经过一年的观察与积累，我感觉开咖啡馆是个不错的项目，于是在自认为做足了前期准备工作的时候，我选择辞职，租下了郑州最繁华（当年还不是）区域的一间写字间，开始了我的咖啡馆创业之路。跟房东签下租房协议的那一天，我根本没想到我能把"开咖啡馆"这件事坚持至今。

从决定开咖啡馆到真的开一家属于我的咖啡馆，我用了一年的时间来筹备。

Tips（提示）：筹备一家独立咖啡馆是需要时间的，不能脑子一热就去做了。筹备工作要井然有序，不能拖沓，也不要匆匆缩缩，既然打定主意要开一家独立咖啡馆，那就勇往直前地去做。

2008 年深秋的一天，我的大学同学田淼打电话约我，说有一位校友出差路过郑州，大家可以一起吃个晚饭，然后再找一家咖啡馆坐坐。我欣然应允，并且憧憬了一下在上岛咖啡打牌的场景。那个时候经常和朋友约在上岛咖啡之类的咖啡馆打牌，虽然从未在那些咖啡馆喝过咖啡，但总觉得那就是咖啡馆。

那天我们一起吃过晚饭，田淼带着我和那位校友在夜幕降临后来到一幢高耸的写字楼下，这幢写字楼从外面看只有寥寥几扇窗户还亮着灯，田淼说的咖啡馆就在这幢写字楼上。我们穿过静悄悄的大堂，乘电梯到 24 层，在无人的楼道里七拐八拐，终于站在了一扇玻璃门前。

玻璃门内简直是另一个世界，蔼蔼的暖光烘托着一个与横平竖直的写字间完全不同的空间，我惊讶了。田淼推开玻璃门，邀请我们进去，说："这里是后窗咖啡馆。"

哦，这才是咖啡馆。

那天我们三个人在后窗咖啡馆待到凌晨三点，有话题就说话，没话题就安安静静地想自己的事情，在这样的环境下感觉有说不完的话，也有想不完的事，这样的咖啡馆真的是一个让人忘却了时间的空间。依依不舍地散伙后，我骑车回家，飞驰在夜晚无人的马路上，感觉自己有无穷的力量，感觉自己可以一口气骑到我国西藏，当时我脑子里只有一个想法："我要开一家属于我的咖啡馆。"

到家后，亢奋的我久久不能睡去，当即写了一篇很长很长的博客来记录这次有意义的咖啡馆之初体验，并在文章的最后写道："后窗咖啡馆真是个好地方，她远离城市的喧嚣，她凌驾于城市之上，她的装修与装饰都很夸张，但她的每一寸空间都能让人安静下来。就像在摇滚乐的震撼之中反而能够寻觅到宁静一样。这里给人的感觉就像打开自家后窗看到的景致一样亲切而美丽。"这是我对后窗咖啡馆的描述，也是对我想要的咖啡馆的憧憬。

接下来我几乎每天都在畅想我自己的咖啡馆的模样，像中毒了一样不可救药。

冬去春来，万物复苏，我感觉自己不能再停留在"憧憬"这个层面上了，如果不付出行动，什么时候才能有一家属于自己的咖啡馆啊？

Tips：我身边有很多朋友都想像我一样开咖啡馆，他们羡慕我的生活，他们每天都在畅想，他们每天都在规划，但始终不去行动，不肯真正为开一家咖啡馆而去做准备工作。如果每天都停留在"憧憬"这个局面，那么永远也不会拥有一家属于自己的咖啡馆。

我终于开始了我的"开咖啡馆"的筹备工作。当时犹如没头苍蝇一样四处乱撞，因为我除了会写"咖啡"两个字、喝过速溶咖啡之外，对咖啡可以说是一无所知，对开店经营更是一窍不通。

我在网上搜索着少得可怜的资料，每看到一篇关于咖啡的文章都读得意犹未尽。资料不好找，懂行的人更不好找，我唯一可以咨询的人只有田淼，田淼给我的建议是去大城市看一看。说走就走，2009 年的夏天，我带着苏娘娘——当时还是我的女朋友——南下上海，北上北京，去田子坊，去南锣鼓巷，冒着酷暑去考察市场。逛了一圈之后回来，自己还是什么都不懂，因为我并不知道要看什么，只是以游客的身份看了几家连名字也记不起来的咖啡馆，喝了几杯连名字也记不起来的咖啡。除了人被晒黑了，开咖啡馆的筹备工作并没有任何进展。

家里的亲戚朋友没有做生意的，而且老一辈的人觉得做生意没有上班稳定，都不同意我开咖啡馆。从家里寻求帮助是不可能了，我只能静下来捋一捋思路，通过梳理，我凭感觉认为首先最重要的事情是选址，其次是装修，接下来是买设备，然后就是经营，最后就只剩下赚钱啦！

当时的想法就是这么简单，而且自己还安慰自己"越简单的计划越没有纰漏"，于是每当遇到问题就把问题简单化。第一个问题就是选址。选址最简单，我唯一去过的后窗咖啡馆在写字楼里，那我就开在写字楼里。

Tips: 做生意还是要多借鉴经验，不能全凭臆想。我见过很多性格固执的独立咖啡馆老板，不听劝告，一意孤行，最终难免失败。

找写字楼！可是郑州的写字楼那么多，我该怎么选择呢？经过简单的思考，我决定就在后窗咖啡馆所在的写字楼周边找。于是我靠双脚走遍了后窗咖啡馆周边一千米的写字楼，然后阴差阳错地租下了国贸中心 A 座写字楼 20 层的 2003 室。

利用周末休息时间，我挨个写字楼找。我感觉我还是非常细心的，每一幢写字楼我都要看看外形，看看大堂，看看配套，看看"眼缘"，如果感觉不错，就去物业部问问。当我来到某一家写字楼的物业部时，遇到了一家房产中介公司，工作人员推荐我去看看国企中心的写字楼，然后给了我一把钥匙让我自己去看房。

我记着"国企中心"的名字却走到了几百米之外的"国贸中心"，透过反装的猫眼我看到的是一间有一整面落地窗的毛坯房，这个格局、这个落地窗我非常喜欢，但是打不开房门我却很郁闷。我与工作人员电话沟通后才知道我走错楼了。来到"正确的"房间打开房门，我只有失落，这里就是一间很标准的写字间，没有我想要的整面的落地窗，有的只是一个一个的办公用的小格子。

我把钥匙退还给中介公司，然后去找了国贸中心的物业，说明来意后，前台给我一张名片，让我自己联系负责出租的工作人员。或许是因为好事多磨，或许是因为在午休时间，我换了3张名片，打了4通电话，终于联系到了一位工作人员同意带我去看房。工作人员带我去了国贸中心A座写字楼20层的2003室。打开房门的一刹那，我确定我想要的就是这间了！

工作人员说："这间房子的房东姐姐人特别好，你就租这间吧，我帮你砍价。"当时我并不知道这幢写字楼刚刚开始交房，而我看中的这间房子的房东还没办理交房手续，最后是我和房东余姐一起去验的房，并办理了交房手续。

没有太多的讨价还价，在2009年的深秋，我和余姐达成协议，以每月2 600元的租金租下了郑州最繁华区域的一间90平方米的写字间，租期两年。而且，我根本没想到我会和余姐成为好朋友，也根本没想到，我会在这间写字间里经营独立咖啡馆将近8年。

租下房子后，我便向单位递交了辞职申请，正式办理离职手续。交接完工作，我把我的个人物品装在一个大纸箱里。抱着这个大纸箱走出单位大门的那一刻，我意识到我新的人生旅程即将开启，我信心满满。

辞职去开咖啡馆，我迈出了第一步，那年我25岁。

Tips：很多朋友都想边工作边开咖啡馆，我身边也有很多这样一边工作一边开咖啡馆的朋友，但真正能兼顾两边的人少之又少。想经营管理好一家独立咖啡馆，我建议全职做经营管理，全身心投入到咖啡馆的工作中。

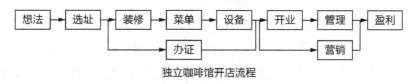

独立咖啡馆开店流程

迈出这一步何其艰难。家人的不支持，朋友的不理解，经验的不足，都成为迈出这一步的绊脚石。所幸我一一扛了下来，终于迈出了这一步。

1.2 开店之前先考察

真正开一家咖啡馆之前,考察学习还是不能少的,有这么多口碑好的咖啡馆、知名度高的咖啡馆、值得学习的咖啡馆,我们为什么不去看一看、学一学呢?吸取别人的长处弥补自己的短处。有很多朋友都知道在开咖啡馆之前要去别的咖啡馆看一看、学一学,但是看什么呢?学什么呢?不知道,只知道应该坐下来点一杯咖啡喝,然后,就没有然后了。我当年开咖啡馆之前出门考察,不仅闹了笑话,而且没有任何收获,去之前两眼一抹黑,回来之后仍旧两眼一抹黑,现在回过头想想,那时候的自己还真是傻得可爱。

Tips: 很多计划开咖啡馆的朋友在开店之前也都会把考察当作必修课。在考察的时候要有目的性,要带着问题去考察。要考察什么?要学习什么?是学习人家的装修设计风格,学习人家对空间的合理利用,还是学习人家的产品出品方式?每家咖啡馆都有每家咖啡馆的不同,去看的时候一定要看别人的优点,要看别人的细节,回头在自己开店的时候要想办法利用上,这样的考察才有意义。

独立咖啡馆考察项目

我听从了田淼的建议,去上海的田子坊和北京的南锣鼓巷考察咖啡馆。田淼还借给我一本《城市画报》,那一期封面就是田子坊,而且有一个很吸引我的标题《上海最隐最瘾的弄堂——田子坊速写》。看完那期《城市画报》,我就决定去田子坊看一看,去体验一下在上海老弄堂里喝咖啡的感觉。

上海 6 月的天气潮湿闷热，在这衣服能拧出水的梅雨天里，我开始了我的咖啡馆考察之旅。田子坊当年还不是大众目的地，大力推广了田子坊的《城市画报》也是小众刊物，虽然是周末，但田子坊里的人并不多，我们可以悠然地逛，每一家店都进去看一看，每看到一个好玩的东西，我都会跟苏娘娘说："将来我开店了要做这个。"

田子坊是好多条老弄堂组成的一个小区域，阡陌交通，鸡犬相闻，有浓浓的老上海风情，但也贴满了街道办事处印刷的"迎世博、讲文明、树新风"的现代招贴画，操着听不懂的上海话的风采依旧的上海老阿姨与操着听不懂的外语的金发碧眼的外国小姑娘擦肩而过，一个多元化的上海在这里浓缩。

上海的梅雨天也真是让人受不了，艳阳高照却突然说下雨就下雨，下雨也下不痛快，一通淅淅沥沥戛然而止，接着就出了太阳，地上的积水向上蒸发着热气，空气都是湿漉漉、热乎乎的。上海人似乎早已见怪不怪，可苦坏了我这个北方人，说来就来的雨在我还没找到避雨的地方时说走就走了。我们逛累了，就找了一家小咖啡馆坐下来休息。

我之前从没在独立咖啡馆喝过咖啡，听说过的咖啡只有"蓝山"、"拿铁"和"卡布奇诺"，但什么是蓝山，什么是拿铁，什么是卡布奇诺，我根本不知道。我像在饭店吃饭时一样，点了人家的招牌菜，喝了几杯到如今也记不得名字的咖啡，如今也记不得味道了。

后来我经常去上海参观国际酒店用品博览会，也去过几次田子坊，但每次去都是人挨人、人挤人，我喝过咖啡的那家小咖啡馆怎么也找不到了，我熟悉的田子坊也随着那些蒸发掉的湿热水汽，再也找不到了。

Tips：上海的独立咖啡馆非常多，在国际化大都市，上海的独立咖啡馆总能够接触到最前沿的咖啡行业信息，是全国独立咖啡馆的风向标。开店之前如果要去考察，上海是必须去的。

上海归来，生活依旧，我躁动的心却收不回来，没消停几天，我跟苏娘娘说我还想出去考察。经田淼同学再次指点，我把目的地定在了北京的南锣鼓巷。

南锣鼓巷当年真的是世外桃源一般的存在，那时候智能手机还没普及，地图类 APP 更是没有，我拿着一张巨大的纸质北京地图找到南锣鼓巷的位置。我们公交倒地铁，地铁倒公交，终于来到了南锣鼓巷。

2009年8月的南锣鼓巷是当时的北京的缩影，退去了奥运的热情，留下来的只有纯粹的老北京的三伏天，树荫下露出点点阳光、传来阵阵蝉鸣。巷子口新建的大牌楼上书"南锣鼓巷"四个金字，多么古朴的老北京范儿的地名，巷子两侧都是老北京式的平房或者四合院，路上没什么游人，外国人占了大多数，开着门的店铺也透着些许慵懒，小酒吧和杂货铺居多，酒吧懒懒的，杂货铺也懒懒的，偶有几家老板打起精神来跟你聊两句，浓浓的京腔京韵，听着都那么舒服。

我们边逛边走，从南到北，巷子里的外卖饮品店倒是比较多，不过没有田子坊那种适合坐下来在露天喝咖啡的小咖啡馆，我看了看这家，又看了看那家，却不知道该喝什么，说到底还是因为自己什么都不懂。

我最近一次去北京，地铁6号线已经开通，出了南锣鼓巷地铁站就是人山人海，隔着地安门东大街便能看到人头攒动，我拼了命挤进南锣鼓巷，抬头只能看到前人的后脑勺，低头只能看到前人的脚后跟，路两旁的小店一家也挤不进去，到处是举着小黄旗的旅行团。我便拐进帽儿胡同直奔什刹海去了。南锣鼓巷的回忆也随着悠扬的蝉鸣越飘越远了。

Tips：北京集中了大量优秀的咖啡师，各种胡同里也都深藏着一些优秀的独立咖啡馆。北京的独立咖啡馆和上海的不同，这种不同只能感受，无法描述，如果有精力去考察，北京的独立咖啡馆也是值得一去的。

随着开咖啡馆的年头越来越久，我对咖啡的认识也越来越丰富，我每次出远门到外地还是喜欢泡咖啡馆，窝在别人家的咖啡馆的沙发里，尝一尝别人家的咖啡，看别人家的咖啡师如何工作，看别人家的店面如何设计，总能从中吸取到"营养"。子曰："三人行，必有我师焉；择其善者而从之，其不善者而改之。"

别人能把一家咖啡馆开起来，总有其独到的过人之处。即使是我们这些经营咖啡馆多年的老江湖，在见到新开的咖啡馆时，也应该抱着学习的态度去观摩、捧场。

1.3 终于卖出第一杯咖啡

按照我的计划，考察也考察了，房子也租下来了，接着就是装修，装修完就是买设备，然后就能开门营业了。现在已经签了租房合同，拿到了钥匙，房东余姐还给了我一个月的装修期，我必须在这一个月的装修期内把所有准备工作做好。

当时我的预算并不充裕，好在当年的物价也没有如今这么高，我总觉得再紧一紧钱包，应该就能把店开起来。我把预算的所有资金都从银行卡上取了出来，每天都随身带着。开店花的第一笔钱就是交租金，6个月的租金加押金再加一年的物业费，将近两万块钱就没有了，钱包一下子瘪了好多。眼睁睁看着余姐把钱放进包里，我当时真想抢回来。

我做了一个预算，或者根本不能算作是预算，只是在心里默默告诉自己，装修不能超过多少钱，设备不能超过多少钱，至少还要剩下多少钱以备不时之需。这就是当时最朴实的想法，没有人告诉我应该怎么做，全靠自己凭空想象。

Tips: 开咖啡馆是做生意，不是玩文艺，从筹备到装修，从经营到管理，每一步都需要按照生意规律来进行。

那时候我装修的一切准则只有一个：省钱。在开店之前，我没有参与过任何一次装修，不管是家装还是工装，其实那个时候我甚至都没听说过"家装"和"工装"这两个词。如同对咖啡的浅薄理解一样，我对装修的理解也深不到哪里去，唯一知道的就是郑州几家大型建材市场的位置。

一个月的装修期，对我而言，没有任何概念。在朋友们的帮助下，我一点一点捋顺了思路。房子是毛坯房，装修的顺序应该是改水电、做墙顶地、做吧台、装灯具、进家具。

装修工是一个朋友找来的，一共两个人，拍着胸脯说基础装修的改水电、做墙顶地都会做。当时我觉得他们简直就是全才。不过后来想想也挺逗趣的，因为朋友也不太懂装修，请来的这两位是搞基建的，他们也没做过这么细致的工装，加之我也没有装修效果图和施工图，两位装修工也就凭着自己的专业技能以及我的瞎指挥想到哪里做到哪里。

改电。

房间里本就有铺设好的线路，有几个灯口，有几个插座，他们就问我要不要改，我也不知道要不要改，就说灯先不改了，插座给我多弄几个。这就留了很多后患，灯口的位置很别扭，装上灯之后该亮的地方没有亮，该暗的地方没有暗，光线很死板。插座的位置也都很尴尬，不仅数量不够，还没有几个即插即用的，我用了大量的插线板才得以让吧台里的所有电器同时工作。

改水。

整个房间是没有隔断、完全通透的，只在角落里有一个卫生间。当初在安装马桶的时候下水管没有接弯管，有过装修经验的人都懂，弯管就是利用连通器原理，弯管里有存水，下水道的味道不会返上来。可惜这位装修工没有给我接弯管，导致开业之后满屋子臭味。我又重新找写字楼物业的水工师傅帮忙改了改，以致停业好几天。

刷墙。

房子本身是毛坯的，应该先打腻子，抹平之后再刷漆。我为了省钱，轻信了装修工说的"不用打腻子"，直接刷了漆，不出半年，墙上的漆就开始裂纹，很多客人都问我这墙是怎么做旧的。

做吧台。

那时候不论建材市场和厨具市场，都没有做整体吧台的，咖啡馆的吧台只能参考酒吧的吧台，一般都是木工现场打。据说木工的工钱很高，我没有请木工。装修工想了一个办法，带我去建材市场找了一个做整体橱柜的店，把橱柜做高，当作吧台。做整体橱柜的老板估计也喜欢有挑战的工作，居然接了这个活，而且给了我一个很优惠的价格，他感谢我帮他拓展了业务。后来我也没想到，这个吧台反而成了亮点，也用了很长时间，直到东西多得摆不下了才不得不拆了它。

当时自己并不懂装修，也没有资金和精力去借鉴经验，只是凭自己的臆想，开业后的两三年不停地做翻修工作。现在看看，那时候的自己还真是又傻又大胆，什么都敢尝试。

那段时间我每天都背着装满现金的书包骑着电动车穿梭于家里、店里和建材市场，大到木工板、小到水管接头，全部都是我亲自采购。郑州的天气已经有些冷了，我骑着电动车迎着刺骨的寒风，心里却是暖暖的，因为即将通过自己的双手打造出一家属于我的咖啡馆，想想都觉得高兴。

如果是周末，苏娘娘和几个朋友会陪着我一起去建材市场、家具市场、灯具市场，他们觉得我的眼光不行，挑不到好看的家具和灯具，但往往都是她们先挑花了眼，最后反而由我来拍板。

很快，所有的装修工作都做完了，灯都装好了，家具也都摆放整齐了。来祝贺的朋友们和我一起打扫卫生。

钱包里的钱越来越少，我知道我离成功越来越近了。

Tips：装修工作很烦琐，一定要让专业的人做专业的事。市场上有很多专业的装修公司，开店前多了解，前期多投入，后期能省很多事。如果还像我当年那样为了省钱而找一些不专业的人，日后会有大量的重复工作，劳民伤财。

装修完就该买设备了。设备应该买什么？应该去哪里买？又是朋友帮忙在淘宝网上帮我联系了一个郑州本地的咖啡设备卖家。我在旺旺上和那个老板聊了好多，那个老板知无不言言无不尽，跟我讲了很多关于开咖啡馆的知识和要点。他陪我聊到很晚，最后意犹未尽地说："你来厨具市场找我吧，我具体给你讲讲。"

第二天我就去了厨具市场，在约定地点见到了一个个子不高但很有精神的戴棒球帽的男人，他向我打招呼说："你好，我是李占强。"哦，这就是在旺旺上向我传授了很多经验的那个人。从那一次旺旺聊天起，一直到今天，他都像当年一样孜孜不倦地向我传授有关开咖啡馆的经验与知识。现在，郑州做咖啡的人都尊称他为"会长"……一个郑州本地咖啡从业者自发组织的交流会的会长。

在会长的贸易公司买了一台全自动意式咖啡机、两把虹吸壶（其中一把虹吸壶至今还在用）、几包咖啡豆、几十只咖啡杯，这就是我开咖啡馆的全部家当。

家当置备齐了，不会用也是白搭，会长虽然教了我全自动咖啡机怎么操作，但他并不能教我一杯咖啡应该怎么出品。我又去找田淼帮忙，田淼联系了后窗咖啡馆的老板妞姐，妞姐请曾经在后窗咖啡馆工作过的冉倩来帮我。虽然冉倩比我年纪小，但我一直叫她师傅，如果没有冉倩，我的咖啡馆恐怕就难以开张了。

冉倩师傅帮我定饮品方案、设计菜单、教我做咖啡，她对待工作一丝不苟、严肃认真的态度感染了我，直到今天，我做每一杯咖啡都特别认真。

冉倩师傅是一个不折不扣的文艺青年，喜欢摇滚，喜欢爵士乐，喜欢摄影。她亲自手写的第一本菜单，我一直保存着。

冉倩师傅教我用虹吸壶煮咖啡，要用十字交叉搅拌法搅拌两次，煮完之后的咖啡渣要是一个小山包的样子，最后煮完的咖啡液要咕嘟咕嘟冒大泡泡才算完美。师傅还告诉我曼特宁咖啡什么味道，巴西咖啡什么味道，摩卡咖啡什么味道，哥伦比亚咖啡什么味道，肯亚咖啡什么味道，蓝山咖啡什么味道。她要我记住，下回客人点咖啡的时候要给客人讲。

在冉倩师傅的指导下，我学会了用虹吸壶煮咖啡，还学会了用冲茶器打奶泡。

Tips：开咖啡馆之前一定要先学会做咖啡。我见过很多自己根本不会做咖啡的人开咖啡馆，这件事细想一下也是很可怕的。

一切准备就绪，我的"阿布阿布咖啡馆"在 2009 年 12 月 19 日开业。

开业的前一天晚上，当我们把所有东西都收拾到位，准备早早回家休息迎接第二天的开业时，店里却冷不丁走进来一位女士，张口就问："咖啡馆吗？"我说"是的，不过明天才正式营业"。冉倩师傅问："你想喝点什么？"女士说："给我做杯热牛奶吧。"我刚想摇头，冉倩师傅说："有，十元一杯，请稍等。"

我的第一桶金就这样挖到了。

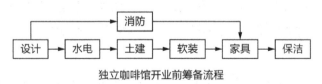

独立咖啡馆开业前筹备流程

终于卖出了第一杯饮品，收到的那张十元纸币我一直放在钱包里。喝了那杯热牛奶的女士估计再也没有来过我的咖啡馆，我总是耿耿于怀我卖掉的第一杯饮品居然不是咖啡，我也一直记不得卖出去的第一杯咖啡到底是什么咖啡。不过记忆总是这样，慢慢积累得多了，总是要有所取舍，记住该记住的，忘掉无意义的。

现在回过头看 8 年前筹备开店的自己，总觉得那个少年很了不起，在没有任何经验的前提下，就这么胡乱摸索着把一家咖啡馆开了起来，不仅开起来了，还一直坚持下来了，并且一直坚持到现在。

1.4 开一家咖啡馆需要多少钱？

经营咖啡馆已近8年，我被问得最多的问题就是"开一家咖啡馆需要多少钱"。我不厌其烦地回答这个问题，不论问问题的人是真的想开咖啡馆还是只想找个与我聊天的话题，也不论问问题的人心里是否已经有了自己的预算，找我只是寻求一个心理安慰。

开一家咖啡馆需要多少钱？这个问题真的很难回答。我记得曾经有人在阿布阿布咖啡馆的微信公众号上留言问我这个问题，还给问题加了描述："就一般的咖啡馆就行。"我说过，我回答这个问题都是不厌其烦，可是我解释不了"一般的咖啡馆"这个词语。什么是"一般"？我在微信公众号发了一篇推文，讨论了一下咖啡馆的不同类型，唯独没有"一般的咖啡馆"。我不希望大家去开一家"一般的咖啡馆"，我们要开"不一般的咖啡馆"。

Tips：开一家咖啡馆需要把钱花在以下几个地方：场所（包括但不限于房租、物业费、转让费）、装修（包括基础装修和软装）、设备、原材料、办理各项证照、视觉传达系统等，还要有预留的运营资金。

独立咖啡馆预算支出项目

没有场所就没有咖啡"馆"，场所的成本是开咖啡馆的一项大支出。租房时，房租和物业费是永远也免不了的，有些城市的商铺还有转让费而且价格不菲，如果是通过中介公司租的房子还有中介费，等等。

各个城市租房的成本并不相同，即使在相同城市，不同地段的租房成本也相差很大，而且交租金的方式也千差万别，我见过付六押一（付 6 个月房租，再押 1 个月房租作为押金，以下同理）的，也见过付一押二的。付六押一相当于一次支出 7 个月的房租，但是未来半年都不需要再为租金的事情头疼；付一押二的好处在于第一次投入很小，并且按月付租金的压力也会小很多。有些房子的所有权是自然人，有些房子的所有权是法人，我的建议是先选择法人的房子，毕竟法人撕毁合同的可能性比自然人小得多。

房子有大有小，我见过最大的咖啡馆有上千平方米，我会在里面迷路；我见过的最小的咖啡馆只有几平方米，就在临街居民楼一楼的一个隔间。房子的类型也比较多样，适合开咖啡馆的场所类型可以是商场、商业街、旅游景区里的商铺、当口或中岛，也可以是临街的社区底商、住改商，也可以是创业园区里的 Loft（指的是那些由旧工厂或旧仓库改造而成的，少有内墙隔断的高挑开敞的空间），也可以是写字楼的大堂，也可以是校园里的服务中心。不同大小、不同类型的场所的租金也不同，我们在选址的时候要多方面考虑，租金在承受范围内的场所才是适合自己的选择。

关于转让费这个问题，不是普遍问题，但在有些城市却是让人最头疼的问题。我见过一个比较适合开外卖咖啡店的小铺子，9 平方米，四四方方，门脸宽敞，租金每个月只要 2 000 元，但是转让费要 8 万元。转让费是什么意思呢？就是上一任租客在退租前将房子转让给下一任租客，下一任租客付给上一任租客的费用，这里面的交易不牵扯房东，下一任租客只是花钱买了一个所谓的"优先租赁权"，有些转让费还包括一些设备、家具、没有到期的租金等，不一而足。一般正规的商场铺位是不会有转让费的。在租房之前付不付转让费、付多少转让费，这个事情还得自己考虑，如果觉得房子十分适合开咖啡馆，付一些转让费也未尝不可。

有一些比较难进的商场，入场前还有"公关费"，如果真的看中这家商场的前景，为了打造品牌，花一笔公关费也未尝不可。

租了房子就要交物业费，不论物业服务好不好，物业费这个项目总是少不了的。如果房子里有中央空调，还得向物业公司交中央空调费；如果是商场统一管理的商铺，还有商管费。

中介费就不多说了，找中介公司租房子会比较省心，因此支付中介费也是天经地义的事情。

Tips: 租房一定要慎重，小心租房陷阱。开店租房的支出具体是多少我也说不明白，只能把大项目、小项目列清楚，各地有各地的市场行情，大家开店之前一定要"货比三家"、随行就市，依行情而定。

房子租下来之后就是装修，首先要明白一点，装修咖啡馆是工装，不是家装，千万不能用家装的标准来装修咖啡馆，除非你想三天两头整修、翻修。装修包括基础装修和软装，基础装修就是墙、顶、地、水、电。软装是什么？软装是关于整体环境、空间美学、陈设艺术、生活功能、材质风格、意境体验、个性偏好等多种复杂元素的创造性融合，我的一位软装设计师朋友跟我解释过什么是软装：把房子颠倒过来，凡是能掉下来的东西都是软装。如果说基础装修是一家咖啡馆的筋骨，那么软装就是一家咖啡馆的皮囊；筋骨要强健有力，皮囊只需要好看。

装修的标准我倒是颇有一些心得。装饰公司喜欢用单价乘以面积来做预算。

目前基础装修的市场价差不多每平方米 800 元（包工包料），毕竟技术工人的工资是很高的。软装就是个可大可小的事儿了，而如果愿意每平方米花 800 元，也能安安稳稳把店开起来，装一个比较好看的门头，做一个比较好看的吧台外立面，装一盏还算漂亮的吊灯以及几盏体现光源层次感的射灯，再摆上几组简约而不简单的桌椅，刷白的墙上挂几幅打印的招贴画，只要风格统一，就不会给客人很突兀的感觉。

如果愿意花到每平方米 2 000 元认真装修，这家咖啡馆就显得非常有格调了，漂亮又不失个性的门头以及吧台外立面，低调奢华的吊灯作为主光源，所有射灯都明暗有致、恰到好处，沙发和椅子形成自然的分区，经过特殊处理的墙面上一定要挂手绘的艺术作品，当然风格也一定要统一，让客人在这里会不自觉地拍照，把照片发布在个人的社交账号上。

装修的工作很烦琐，如果不是特别有经验，如果不是特别有毅力，如果预算不是特别充裕（如果真的是特别不充裕我也不建议你开咖啡馆），尽量不要亲自动手去装修，尽量去找装饰公司，让专业的人做专业的事。你想想你是不是见过很多这样的咖啡馆：墙上刷的漆颜色深一块浅一块，凹凸不平；随意地把照片或便签纸用图钉钉在照片墙或留言墙上；老旧的木柜子和塞满啤酒的玻璃展示柜并排放在一起；屋顶正中是落满了灰尘的宜家纸质吊灯；窗台上挂满了从丽江、凤凰、乌镇带回来的特色挂饰……装修一家这样的咖啡馆非常费心、费力、费时，而且非常不讨好，给人一种乱七八糟的感觉。老板有一颗文艺的心，但这样毫无章法、没有独特风格的咖啡馆怎么可能留得住客人呢？

装修之前还是要请专业的空间设计师来做专业的设计，制作各个角度的效果图，形成成套的施工图，装修时一定要请专业的监理员、专业的工人。如果不愿意包工包料可以只包工不包料，自己亲力亲为去建材市场买材料，但是有两点要记牢：一是定要选结实耐用的材料；二是一定要选无毒无公害的材料。

如果你租下来的房子的实际面积（不是建筑面积）大约是 60 平方米，基础装修费大约是 5 万元，做一个比较基本的软装，差不多需要花费 5 万元，做一个比较有格调的软装，那就大约需要 10 万元。

Tips：独立咖啡馆的装修是能把客人吸引进店的第一要素。装修也可以花小钱办大事，但千万不能有贪便宜的想法，万一因为一时图便宜而耽误了日后的运营，就得不偿失了。

房子装修好，就要购买设备了。我见过很多开咖啡馆的年轻人，口口声声说要把咖啡品质放在第一位，结果在装修时没有管住自己，为了买一些不必要的软装而超出了预算，怎么办？只能在设备上压缩资金，本来看中的比较高级的咖啡机只能放弃，换一台凑合能出品的咖啡机。咖啡机这种东西，一分钱一分货，咖啡师再巧舌如簧，做出来的咖啡不会说谎，希望各位想要开咖啡馆的朋友们，一定要把设备的预算准备充裕，千万不可在预算紧张的情况下降低设备的预算。

子曰："工欲善其事，必先利其器。"一家咖啡馆能够让人流连忘返、魂牵梦萦的一定是产品，而呈现产品最重要的就是设备。

常有想要开咖啡馆的年轻人问我的咖啡机是花多少钱买的。我告诉他们之后，他们紧接着的第二个问题往往是："有没有便宜一点的咖啡机？"我总会说有的，便宜一点也可以。但是他们紧接着就会抛出第三个问题："有没有1万元以下的咖啡机？""嗯，有，1 000元以下的都有。"开咖啡馆想省钱无可厚非，但是在咖啡机上省钱，那你还开哪门子咖啡馆啊？5万元的咖啡机可以连续出品200杯咖啡；1万元的咖啡机只能连续出品20杯咖啡；1 000元的咖啡机只能连续出品2杯咖啡。我见过很多咖啡馆老板眼睁睁看着客人因为咖啡机不能连续做咖啡而转身走人。

我2009年开咖啡馆时没有经验可以借鉴，但是我在2015年重新装修时已经具备了充足的经验，我重新归零，重新来过，把之前所有的东西全部处理掉，从装修到设备全部换新，我把预算的重点全部放在了设备上——我在设备上花的钱比装修多，所以我的设备用了两年，没有出现任何故障。

Tips：不要在设备上省钱！不要在设备上省钱！不要在设备上省钱！重要的话说三遍。

原材料的预算很简单，就是用备货量乘以产品单价。

开店之前一定要备足原材料，因为你很难测算哪种产品卖得好，哪种产品不好卖，备足原材料是个不错的选择，但什么是"足"，这个真的很难把握。怎么测算呢？我用意式咖啡豆举一个例子。意式咖啡豆的保质期一般是一年，大型烘焙工厂、独立烘焙商随时都可以大量采购，可以用来做美式咖啡、拿铁咖啡、卡布奇诺、摩卡奇诺、玛奇朵等，这就需要多备出一个月的用量。开店之前需要通过市场调研等预测一个月的出杯量，比如预测一个月可以卖300杯意式咖啡，每一杯意式咖啡需要18克咖啡豆，一包意式咖啡豆的包装是454克，那么意式咖啡豆的备货量就是12包。这个数据可以通过开店后的日常运营数据来调整。

Tips：保质期长的原材料可以多备一些，保质期短的原材料可以少备一些；采购难度大的原材料可以多备一些，采购难度低的原材料可以少备一些；需要长期用的、能够用在多种产品中的原材料可以多备一些，只是限时销售的、只能用在一两款产品中的原材料可以少备一些。多备就备一个月的用量，少备就备一个星期的用量。

多备货的情况	少备货的情况
保质期长： 保质期大于6个月的	保质期短： 保质期小于6个月的
采购难度大： 　本地线下不方便采购的，或者线上采购时物流临时不方便的	采购难度小： 　本地线下采购方便，或者便于线上采购的
用途广： 可以用于多种产品的制作	用途窄： 　只能用于一两种产品的制作，或只用于季节限量产品的制作

独立咖啡馆备货情况说明

关于视觉识别系统，我的理念是一家咖啡馆需要一个视觉识别系统，但不一定需要一个价格很贵的视觉识别系统。视觉识别系统对于咖啡馆的推广是很有帮助，但是如果独立咖啡馆把有限的资金大量花费在视觉识别系统上，真的会影响日后的运营，我见过很多视觉识别系统很漂亮但是很快就倒闭的咖啡馆。

Tips：设计师都不喜欢朋友来要一个免费的设计。所以不要想着用一套免费的视觉识别系统，但是我也不建议花大价钱做视觉识别系统，一切都要根据自己的资金来做预算。

咖啡馆正式营业之前还需要办理各项证照，比如工商营业执照、税务登记证、食品经营许可证等，如果经营品类更多，还需要办理其他相关的手续和证照，这个可以委托代理机构去办理，也可以自己去办理。现在很多证照的办理都已经免费了，注意一定不要被黑中介给骗了。

其他需要花钱的地方还有很多，比如办理宽带（你的咖啡馆即使不对外提供 Wi-Fi，自己人也是要用网络的）、买书、购买低值易耗品……然后，还需要留够运营的资金，因为日常开销也是不小的，原材料用完了要补货，雇了员工要给人家开工资……前期计划得再好，后期花钱的地方也还有很多，如果计划不到位，难免捉襟见肘，毕竟独立咖啡馆在目前并不是一个赚大钱的生意，也不会有太大的现金流。

　　谈了这么多也很难面面俱到，也不可能说出一个准确的数字来回答"开一家咖啡馆需要多少钱"这个问题。每家咖啡馆的情况都不一样，但要记住，你开的咖啡馆就是具有你个性的咖啡馆，是和别家咖啡馆不一样的咖啡馆，别家咖啡馆的优点可以参考、可以借鉴，但千万不能生搬硬套，有些经验不适用于"拿来主义"。

　　Tips：关于预算，我实在是说不出一个具体的数字，我的建议就是做好充足的准备，不打无准备之仗。

　　这 8 年来，我被问得较多的第二个问题是"你当年开咖啡馆花了多少钱"，哼，我才不会告诉你们呢。毕竟 2009 年的郑州，房价才刚刚突破每平方米 5 000 元。

第 2 章

8 年开过 4 种咖啡馆

我经营管理阿布阿布咖啡馆已经有 8 年时间了，期间阿布阿布咖啡馆一共有过 4 家店，类型各不相同，选址也各不相同。不同类型的独立咖啡馆对选址的要求也不尽相同。开一家什么类型的咖啡馆？这种类型的咖啡馆应该开在哪里？定位和选址是独立咖啡馆筹备阶段必须面对的两个重要问题。

02

2.1　我引领了写字楼开咖啡馆的风潮

2009 年，我把阿布阿布咖啡馆开在了一幢写字楼的第 20 层、有一面墙都是落地窗的写字间里。我不是第一个把咖啡馆开在写字楼里的人，但自从我在那幢刚交房的国贸中心 A 座写字楼里开了第一家独立咖啡馆之后，独立咖啡馆如雨后春笋一般在国贸中心 A 座的各个楼层里开了起来，最火爆的时候几乎每层都有咖啡馆，最多的一层楼居然同时存在过三家咖啡馆，国贸中心 A 座也被称为"郑州咖啡馆最多的写字楼"。有人戏称，走进国贸中心 A 座的大堂就能闻到咖啡的甜香。

不只是在国贸中心 A 座写字楼，在郑州的很多写字楼里都有咖啡馆，除此之外还有很多桌游吧、小酒馆、甜品店也纷纷开在了写字楼里，并且大多也卖咖啡。我不敢说是因为阿布阿布咖啡馆经营成功才引得这么多人都在写字楼里开咖啡馆，但当时在郑州计划开咖啡馆的人都会到阿布阿布咖啡馆来看一看的，甚至有人带着设计师、装修工一起来，还拿着图纸和卷尺在我的吧台上比画。

我也是看了开在写字楼里的后窗咖啡馆之后才决定在写字楼里开咖啡馆的，我从来不避讳这一点。在当时，全国但凡有点知名度的独立咖啡馆几乎都在写字楼里，因为写字间的租金比街边商铺的租金便宜很多，还因为这种独立咖啡馆总得有点与众不同的调性，比如难找。那时候一座城市的独立咖啡馆并不多，喝咖啡的人也不多，泡咖啡馆的人大多不是冲着咖啡去的，就只是为找一个安安静静的、没人打扰的、不是一类人根本找不到的空间去释放自己。所以不论咖啡馆的位置有多么难找，有毅力的文艺青年都会克服万难找到它。每新开一家咖啡馆，不管位置多么偏僻，都能引得文艺青年们接踵而来。

Tips：这种开在写字楼里的咖啡馆可以算作主题型咖啡馆，主题型咖啡馆开在写字楼里是那个时期的特色，是有其必然性的。站在今天的角度来看，写字楼咖啡馆是不符合商业规律的；但是在当时，独立咖啡馆开在写字楼里是"天经地义"的事情。商业经营必须符合商业规律，太超前、太滞后都不好。

写字楼咖啡馆火了几年之后，引发了众多讨论，大家都在讨论写字楼里到底适不适合开咖啡馆。关于这个问题，我可以分享一件小事。

我选取三篇当时写的文章，两篇发布在我个人的博客上，另一篇是阿布阿布咖啡馆微信公众号发布的推文。不重要的内容我用省略号隐去了。

第一篇是 2013 年 10 月 8 日我写的博客。

跟一个朋友去见他的朋友，那个人也是开咖啡馆的……他认为他在街边开的才是咖啡馆，他认为楼咖（写字楼里的咖啡馆）是一种病态。他一边贬低楼咖，一边还挖苦开楼咖的人，一边夸夸其谈，一边还问我："你说我说的对不对？"……

第二篇是 2014 年 4 月 19 日我写的博客。

感谢辣椒建了一个郑州"大咖"微信群，感谢辣椒不嫌弃我还把我拉进群里，但是刚才我退群了。

起因是群里有一个做煤炭生意的人……认为自己就是咖啡达人了……在群里嚷嚷咖啡馆要多业态，咖啡馆不是只卖咖啡……

就在我退群的当时，有一位前辈，一位大咖，还有辣椒本人，还在与之争论……咱们建"大咖"群是方便行业内交流的，不是让某某某来干涉大家的，我为什么做咖啡馆，我做咖啡馆卖什么，是我自己的事；你为什么做咖啡馆，你的咖啡馆卖什么，是你自己的事，何必要让大家与你一样？何必要干涉别人的事情？

我做咖啡馆将近5年，很多新入行的同行来找我聊天，我都是建议，从未义正词严地要求他们的咖啡馆必须卖咖啡。我只是看不起打着咖啡馆旗号不卖咖啡而已……何必披着咖啡馆的外衣？

道不同不相为谋……

第三篇是2015年12月9日阿布阿布咖啡馆微信公众号的推文。

从昨天晚上到今天早上，一个本土知名公众号推送的一篇讲述郑州一家本土咖啡馆因赔了150万元而倒闭的消息引爆朋友圈，不少朋友都把目光投向了我。那个本土知名公众号怀着万分悲痛的心情把那家倒闭咖啡馆的老板成功树立成了一位怀揣文艺梦想的咖啡行业翘楚，同时又把那间咖啡馆租赁房屋的房东摆在了万众的对立面，指责他一心钻在钱眼里，只知道一味涨房租而使得这间不可多得的咖啡馆因为付不起房租而倒闭。

时间拨回到2013年，我和小辛一起做咖啡豆烘焙工作室。同时，我的阿布阿布咖啡馆正风生水起，引领着郑州楼咖界的开店风潮。

某天下午，小辛打电话跟我说有个咖啡馆老板找他谈生豆的事情……让我也去一趟……等我到达那家咖啡馆时，小辛已经在和那家咖啡馆的老板聊上了。

我加入比较晚，小辛只是简单地向我介绍说对面是×总……×总并未因为我的加入而停下他的讲话……

×总自称做煤炭生意……涉足过零售、快速消费品、教育、餐饮等行业，在说到咖啡馆的时候——他说他要再开一家更大的咖啡馆，×总说："咱们说楼咖，就是写字楼里的咖啡馆，比如××咖啡……楼咖？哼哼，做楼咖都是不思进取的年轻人，挥霍家里的钱，美其名曰创业，为什么选写字楼？无非就是成本低。"……

×总说到兴起……畅想了他的下一家咖啡馆："要是我开咖啡馆，就弄个上千平方米，里面要种树，真的树，弄得跟咱老家村头一样，那边还得唱戏。我就喜欢热闹，主打捞面条，咖啡就是搭配。这才是做咖啡馆，那些楼咖，早晚得关门。"

听到"种树""村头""唱戏""捞面条"这种词汇跟咖啡馆联系在一起……我忍了。

×总这才想起我，转脸问我："你说是不是，兄弟？"

……后来，我和×总再没见过面。

咱们回到今天，回到那家赔了 150 万元的咖啡馆，今天上午，我所在的一个全是餐饮老板以及餐饮达人的微信群里也讨论了这个事情，大家说的就很客观，都谈到了"定位"与"聚焦"，没有任何一个人提"房租"。

在群里，就这家咖啡馆的倒闭，我也提了自己的两个观点，并且得到了大咖们的认同。

产品：不主打咖啡，却主打盖碗茶、商务简餐、鸡尾酒以及火锅，主打产品太多，给人凌乱的感觉。

客群：既强调商务会谈，又安排戏班子唱戏，还想搞文艺，反而抓不住有效顾客。

从 2009 年到 2015 年，阿布阿布咖啡馆也经历过混乱的阶段，也有过迷茫，也有过不知所措，也有过饮鸩止渴。但是，我不停地学习，不停地进步，今天的阿布阿布咖啡馆，依旧风生水起，依旧引领郑州楼咖的潮流。

郭德纲老师曾经说过："谁活得长谁是艺术家。"

与各位咖啡馆老板共勉。

看完这三篇文章，各位心里应该已经有了初步的判断吧。这件事由我总结起来就是："瞧不起写字楼咖啡馆的×总经营的咖啡馆轰轰烈烈开始却草草收场，他瞧不起的那些写字楼咖啡馆依然活着，而且活得很好。"

×总说了这么一句话："那些楼咖，早晚得关门。"话糙理不糙，没有永远屹立不倒的生意。

Tips：首先，存在即合理，在写字楼里开咖啡馆是符合那个年代特点的商业行为；其次，即使写字楼咖啡馆的整体状况的确出现了下滑，也不能一棒子打死。站在今天的角度看，在写字楼里开咖啡馆已经出现了很多弊端，街边的咖啡店越来越多，写字楼咖啡店的优势已荡然无存，在不久的将来，写字楼咖啡馆必将彻底失去市场份额。现在还在经营，而且经营得还不错的写字楼咖啡馆大多是依靠多年积累下来的口碑实现盈利的，如果这些写字楼咖啡馆能够尽早地转型，多年积累的口碑和客户资源必将成为重新抢占市场的利器。

我在 2016 年 3 月底彻底关闭了阿布阿布咖啡馆国贸中心店，结束了长达 6 年半的经营。我在闭店前写了一篇声明。

尊敬的各位朋友：

大家好。

今天，我不得不宣布一个伤心的决定：阿布阿布咖啡馆将告别国贸中心 A 座 2003 室，2016 年 3 月 28 日起暂停营业。

这是一个不容易让人接受的事实，但是为了让阿布阿布咖啡馆有更好的发展，我才迫不得已做出这个伤心的决定。阿布阿布咖啡馆成立于 2009 年，运营至今已经走过了 6 年多的时间，2 284 个日日夜夜，阿布阿布咖啡馆能走到今天，能取得今天的成绩，首先要感谢每一位支持与鼓励过阿布阿布咖啡馆的朋友。

我记得有一位客人曾经在留言簿上为阿布阿布咖啡馆写下了这么一句话："或许我曾做过的最好的事，就是对你一如既往并且未曾动摇的支持。"这句话也成为了阿布阿布咖啡馆的座右铭，我和老板娘以及每一位在阿布阿布咖啡馆工作过的店员都谨记这句话，努力把阿布阿布咖啡馆经营好，努力使阿布阿布咖啡馆继续坚持下去。

今天的离去不是逃离，我会选择在合适的时间、合适的地点重新开始。我爱咖啡，我爱阿布阿布咖啡馆，我不会放弃，我只会更加坚定地向前走，我也邀请你们同我一起走下去，见证阿布阿布咖啡馆的涅槃重生。

我的好朋友蒋珩在 2010 年阿布阿布咖啡馆一周年店庆前拍摄过一部关于阿布阿布咖啡馆的纪录片，纪录片的末尾有这么一句话："在这座城市崛起的历史中，有一些痕迹要被人用恭敬的态度提及。"我想，阿布阿布咖啡馆对于郑州，是这样的一个痕迹，再过些许时间，这个痕迹会更明显。

最后，我邀请大家在 3 月 26 日星期六的下午两点，参加阿布阿布咖啡馆的"毕业大趴"。

最后的最后，请允许我说一句：再见。

　　此致

敬礼！

阿布阿布咖啡馆的西郊小武

2016 年 3 月 21 日

据说随着阿布阿布咖啡馆的闭店，那幢"郑州咖啡馆最多的写字楼"里的咖啡馆也纷纷转让、闭店，到如今国贸中心 A 座写字楼里一家咖啡馆都没有了。

引领了楼咖开店的风潮之后，我又引领了楼咖闭店的风潮。随着时间的推移，这两次风潮再也不会被人提起。

2.2　在汽车 4S 店里卖咖啡

2011 年，阿布阿布咖啡馆的生意日渐起色，我的心中也开始躁动。

这一年，我和苏娘娘完婚，苏娘娘正式挂职阿布阿布咖啡馆的老板娘；这一年，苏娘娘也从我当年工作的单位辞职，做专职老板娘；还是这一年，阿布阿布咖啡馆因为我和苏娘娘筹备婚礼荒废了一段时间，后经苏娘娘亲自打理，扭亏为盈。

正因为"扭亏为盈"，加之郑州独立咖啡馆行业如火如荼，很多后起之秀都开起了分店，这让我的内心难免有些痒痒的。我的经验比他们丰富、盈利状况比他们好，我是不是也能开两家店啊！我和苏娘娘两个人可以一人管理一家店啊！

苏娘娘看问题还是比我冷静一些，她深刻分析了阿布阿布咖啡馆当时的状况：一来经营状况刚刚扭亏为盈，还没稳定，到底能不能实现长期稳定盈利还不好说；二来我们没有开分店的经验，开两家店不是一加一等于二的问题，肯定会面临新的问题，如何保证两家店的一致性？苏娘娘一盆冷水扑灭了我胸中的热火。但是苏娘娘也肯定了我的想法，想要把品牌做大，开分店势在必行。

机会都是留给有准备的人的，正在我们计划开分店的时候，一家汽车 4S 店的老板找到我，想请我去 4S 店里卖咖啡。我当时的想法是："你们别闹了，4S 店都是免费送咖啡的，你让我把咖啡卖给谁啊？"但是当对方开出很有诚意的合作条件，我和苏娘娘看过场地之后，决定和这家汽车 4S 店合作。

☕ Tips：古人说："隔行不取利。"随着时代的发展，这句话已经过时了，现如今跨界合作、异业联盟都是非常流行的经营形式。跨界合作可以节约运营成本，异业联盟可以增强营销宣传效果，都是不错的形式。

这家汽车 4S 店的老板非常有情怀，他搭建了一幢框架结构的三层小楼当作车友俱乐部：一楼是茶社和电影放映室，二楼是咖啡馆、餐厅和室内高尔夫球场，三楼是羽毛球场和健身房。对方与我提出的合作条件：4S 店按照自己的风格做好精装修，4S 店出钱按照我的要求购置全套咖啡设备，4S 店从咖啡馆的所有营业额中抽成 20%，除此之外不再收取任何费用，我派去的所有员工可以在 4S 店的职工食堂免费吃饭。

我和苏娘娘实地考察了车友俱乐部，他们确实已经把那座小楼精装修了，二楼咖啡馆的装修低调、奢华、有内涵，吧台整洁、大气，沙发软和、舒适，宽敞的空间里还摆了两张台球桌（看看梵高的名画《夜晚的咖啡馆》，台球桌是咖啡馆的标配），整个咖啡馆的气质一下子把我和苏娘娘吸引住了。慎重起见，我和苏娘娘又去了好多次。

经过深思熟虑，我们决定与这家汽车 4S 店合作。毕竟合作开店可以分摊成本、分担风险，让专业的人做专业的事，开店效果应该会很好。

在车友俱乐部人员高效的筹备工作之后，"我的"第二家咖啡馆正式开业，这是一个全新类型的咖啡馆。

开业当天，我把一块巨大的、印着阿布阿布咖啡馆标识的牌子粘在了吧台显眼的位置，与苏娘娘合影留念。

车友俱乐部一天到晚也没有几个客人，所以我没有安排员工到这里来上班，只有苏娘娘一个人每天来这上班，加上茶室的茶艺师张姐和车友俱乐部的三个员工小姑娘，平日里只有她们五个人在。

百无聊赖之余，苏娘娘把家里的烤箱搬了过去，尝试着烤一些曲奇饼干、葡式蛋挞之类的小甜点。那时候苏娘娘还从未做过烘焙，只是在网上查阅了一些资料——说是资料，无非是个别有经验的烘焙爱好者发布在网上的图文并茂的自己做烘焙的过程与心得。查阅之后觉得不过瘾，又去书店买了几本国外烘焙大师的著作，就这么开始了她的烘焙之路。

苏娘娘做烘焙的那段时间，我俩一直"两地分居"，我在国贸中心守店，她在车友俱乐部守店，只有晚上下班回到家里才会沟通一天的工作。但是她一回到家就捧着手机琢磨烘焙的事情。苏娘娘居然把烘焙当正事儿了，还说："甜点配咖啡天经地义，哪有咖啡馆不卖甜点的，自己烤的总比买别人的放心，成本还低。"既然说到成本，还真提醒了我，我当时觉得她做烘焙简直就是浪费原料。

也许是天分使然，从未做过烘焙的苏娘娘第一次尝试烤蛋挞就相当成功，并且成功俘获了张姐和三个小姑娘的芳心，每天她们都缠着苏娘娘烤东西吃。

与4S店合作的这个咖啡吧台不能算是一家正式的咖啡馆，说白了就是我配合车友俱乐部做的回馈会员的配套服务，4S店的老板也会在这里招待朋友和贵宾。这家咖啡馆之于这家车友俱乐部，丰富了他们数量庞大的会员群体的业余生活，增强了会员的黏性；这家咖啡馆对于我，让我体验了分店模式，让我不断发现问题，不断解决问题；这家咖啡馆对于苏娘娘，让她在这里学会了烘焙。同时，我们在这里还认识了茶艺师张姐，并成为非常好的朋友。

Tips：跨界合作最难的就是如何平衡双方的利益。情谊归情谊，生意归生意，经营都是要走账的，切不可稀里糊涂。双方在合作之前要把所有的权利、义务都谈好，各取所需；在合作中双方都要讲诚信，这样的跨界合作才不会出问题。

4S店的客服部门非常有经验，他们经常会请会员到车友俱乐部参加各种线下活动。客服部的员工知道苏娘娘会做烘焙，就邀请家里有烤箱的女性会员到车友俱乐部来参加苏娘娘主持的"教你在家烤蛋挞"线下活动。

活动之前苏娘娘很紧张，她说她只是自己会烤蛋挞，根本不知道该怎么教别人。我劝她不要紧张，来的会员肯定不懂烘焙，你说什么就是什么，相信自己，实在说不出来就用产品征服他们。

活动时来了四位会员，在苏娘娘的辅导下每人都成功地烤了一份蛋挞，期间还和苏娘娘聊得非常愉快。活动很成功，会员们很开心，客服部门的工作人员也很开心。

通过这次活动，我和苏娘娘积累了组织会员活动的经验，此后我在阿布阿布咖啡馆经常组织类似的会员活动。

Tips: 独立咖啡馆的会员群体一般都不是很大，维系会员不需要付出太多的精力，线下活动是一个比较好的形式，请会员们来咖啡馆坐一坐，动手做一些小产品，大家一起聊聊天，开心之余会员也能得到实惠。

与 4S 店合作的时间不长，因为这家 4S 店的老板确实太理想化，他花巨资搞的这个车友俱乐部最终还是以失败告终，我们的合作也在车友俱乐部"寿终正寝"前正式结束。合作开店的事算是失败了，但合作的过程却没有出现任何的不愉快。要说收获还是非常多的，尤其是积累了开店的经验。

回顾这次开店的经历，最让我欣慰的是，在免费送咖啡已成为惯例的汽车 4S 店里我居然成功地售卖了咖啡，这说明传统的、既定的商业模式也是可以被颠覆的。

这次合作结束之后我一直在反思，咖啡馆到底能不能与其他行业融合，到底能不能嫁接在其他业态中。后来再也没有这样的机会，我也没有积极地去寻求这样的合作。或许，等我自己想明白了的那一天，我还是会选择做一个这种合作形式的咖啡馆吧。

2.3 开一家社区咖啡馆

和汽车 4S 店合作的咖啡馆闭店之后，阿布阿布咖啡馆便只剩下一家写字楼店了。刚刚体验了两家店的感觉，就又回到原点。

那时开咖啡馆已经两年多了，感觉自己的经验已经积累到要漫出来的程度，时不时在博客或社交平台上发布一些关于开咖啡馆的心得或对行业未来发展方向、发展趋势的预测。那时候在写字楼开咖啡馆还是非常火爆的，居安思危，我预感到楼咖市场会饱和，不尽早寻求出路，等到危机真的来了就麻烦了。

苏娘娘也比较认可我的想法。那会儿我和苏娘娘经济上比较宽裕，在"开新店"还是"翻修老店"这两件事上，我俩不约而同地选择了前者。我们经过讨论，想依附于社区开店，就像外国的小咖啡馆那样。

虽然我俩都没出过国，但是咖啡馆里的很多客人都有在国外生活的经历，他们经常会跟我描述外国咖啡馆的样子，给我看他们在外国咖啡馆喝咖啡的照片。于是我和苏娘娘都想有一家在社区里的、临街的小咖啡馆。

Tips：咖啡馆是舶来品，欧洲很多街边的小咖啡馆都有百年的经营历史。依附于社区经营的独立咖啡馆可以做成餐饮型咖啡馆或者集合型咖啡馆。餐饮型咖啡馆在售卖咖啡的同时还是以餐为主；集合型咖啡馆可以集合图书、鲜花、百货、家居、服饰等符合社区配套的产品配合咖啡一起售卖。

我是天生的行动派，说干就干，只要闲下来就蹬着我的自行车满城逛。

功夫不负有心人，我在郑州铁路局附近看中了一座特别破旧的二层红砖小楼，一大片高层住宅给它做背景板，文艺到格格不入，但又不显突兀。小楼所在位置交通便利，就在十字路口。周边有很多大社区，辐射范围内的常住人口很多，都是咖啡馆的目标客户。我三步并作两步爬上铁皮楼梯到了二层，看了室内的格局，又跟房东谈了租金，简直理想到超乎想象。回来我跟苏娘娘汇报，苏娘娘也很喜欢，我俩又去看了一次，感觉这座二层红砖小楼最适合开咖啡馆。

后来我也不知道是哪根筋搭错了（其实是搭对了），跟一个在郑州市城乡建设委员会工作的同学打电话说起了这个事，他说这个路口要修高架，这幢二层小楼肯定要拆，就算是不拆，一修高架开什么店都没生意。打完电话我出了一身冷汗，幸亏没签合同啊。

后来我再也找不到这样的二层红砖小楼了，除却巫山不是云，我再看到别的房子总会和那幢二层红砖小楼比较，怎么比怎么不顺心。

Tips：开店前找铺子是一件很难的事情，必须走街串巷地去实地考察。观察客流量、观察消费力、了解租金，看中一间铺子后还要多方打听，确定没有问题才能放心租下来。

"心头好"没得到，但是新店还得开。我骑着自行车继续扫街，同时苏娘娘也没闲着，她通过互联网查阅各大信息类网站上关于商铺的信息，给我指点方向。苏娘娘在网上看中了一间绿城百合社区的临街商铺，恰好有一个朋友新开的咖啡馆也在绿城百合社区。事不宜迟，我和苏娘娘直奔朋友的咖啡馆。

绿城百合社区布局方正，四面都临着主干道，两条交叉的林荫小路又把大社区又分为四个小社区，朋友的咖啡馆就在南北走向的林荫小路一侧，宽阔的人行道完全被树荫遮挡，咖啡馆门前的空地摆上桌椅，撑起遮阳伞，加之社区本身的欧式建筑，一时间感觉自己不像是在国内。

朋友介绍说绿城百合社区的入住率挺高，社区住户的消费能力也很强，只要产品没问题，开咖啡馆绝对没问题。朋友还说临街商铺早就租完了，不过他家咖啡馆隔壁的隔壁有一家花店要转让，如果我感觉不错可以去聊聊。

嗯，就是这里吧。没有过多啰唆，我和花店老板完成了交接，跟房东签了租房合同。

那条林荫小路叫地德街，在我开店之前已经有了几家咖啡馆，在我开店之后不久又开了几家，地德街被称为"郑州咖啡馆一条街"。

那段时间《海鸥食堂》比较火，苏娘娘想做一家北欧风格的咖啡馆。说做就做，装修极简，运用了白色的主色调搭配橡木色的木质装饰材料和家具。很快，在 2012 年的初秋，阿布阿布咖啡馆绿城百合店开张了，这是一家社区咖啡馆。

十分不凑巧的是，开业后不久苏娘娘怀孕了，而且妊娠反应比较强烈，无奈只能回家保胎。我一个人管两家店，社区店和车友俱乐部的合作店差别还是很大的，每天的客流量大了很多，一项接一项的考验接踵而至，让我应接不暇。

对于一个咖啡馆品牌来说，能够开分店——而且是直营的分店——不仅仅意味着品牌的成熟，而是经营管理的方方面面都要成熟，都要形成制度。而我当时却没能弄明白这一点，以为开分店无非就是多开一家店，虽然意识到了不是一加一等于二这么简单，但对困难的估计明显不足。

两家店就意味着所有的工作量都加倍了，如果不能很好地统筹安排工作，之前一个人的工作现在两个人也完不成，而开分店的目的恰恰又是节约成本，这么一来成本没节约反而增加了。开新店的目的本来是拓展新的客户，但是来新店捧场的大多还是老客户，这么一来反而分流了老店的生意，资金状况一下子陷入紧张。我焦头烂额地应付日常工作，根本没有精力来调整工作节奏。屋漏偏逢连夜雨，船迟又遇打头风，在我最忙碌的时候店员们又纷纷离职，钱荒没解决又闹了人荒。

看到我如此狼狈，适应了妊娠反应的苏娘娘主动提出要去店里工作。有了苏娘娘出山主持大局，店里的风波终于平息。

Tips：从我个人失败的经验来看，我不建议独立咖啡馆做连锁。连锁型咖啡馆不仅需要装修店铺，还需要搭建后台，对于资金和人力的要求都很高，稍有不慎就会满盘皆输。从盈利的角度讲，同一个品牌的咖啡馆想多做两家店无可厚非，但是不能按照连锁的标准去做，还要保持每家店的个性，针对不同的客户群体做不同的产品。

在风风火火的"郑州咖啡馆一条街"，阿布阿布咖啡馆的生意却相当一般，看着别人家门庭若市，我家门可罗雀。那时年轻气盛的我总把问题归结为"客人都不识货"，弄得自己很着急。

着急也没有用，越着急越觉得没有生意。后来我静下来细细思考，也去别人家的咖啡馆参观学习了一番，总结出了自己的问题所在。

最大的问题是把写字楼咖啡馆的经验照搬到社区咖啡馆。写字楼咖啡馆的客户群体不在写字楼里，而在写字楼外，一家写字楼咖啡馆辐射的区域比较大，只要有特色，只要环境好，文艺青年们会主动找上门，行业竞争算不上激烈；社区咖啡馆则不然，辐射范围比较小，客户群体就在咖啡馆所在的社区，而行业竞争又比较激烈，如果没有差异化明显又符合大众消费需求的产品，很容易失去竞争力。翻看当时阿布阿布咖啡馆绿城百合店的菜单，和国贸中心店的菜单一模一样。没有考虑到针对不同的客户群体设置不同的产品，这就是我最大的错误。

咖啡馆首先应该卖咖啡，其次不能只卖咖啡。一家咖啡馆的卖点可以是咖啡，但也不能只有咖啡。我犯了教条主义的错误，思想僵化，只想着把咖啡做好，忽略了其他产品。在地德街走一走，看看阿布阿布咖啡馆，再看看街上其他几家咖啡馆，到今天虽然很多店都不在了，但很多老咖啡客还能津津有味地回忆起当年那些咖啡馆的特色，唯独想不起阿布阿布咖啡馆的特色是什么，不愿意驳我面子的人最后会补上一句："小武做咖啡还是不错的。"我的咖啡做得好，但是咖啡终究不是目标客户的"痛点"。别人家的咖啡馆各有特色，有"卤肉饭"，有"生日蛋糕"，有"会客厅"，这些都是社区居民的"痛点"。民以食为天，吃的问题是头等大事；生日蛋糕也很好地抓住了社区住户的刚性需求；现代人都不愿意在家里招待客人，楼下的咖啡馆正好提供了"会客厅"这一功能。而阿布阿布咖啡馆不卖饭，不接受定制生日蛋糕，没有包间，所以在消费者眼里就是"没有特色的咖啡馆"。

Tips: 社区咖啡馆的服务对象就像光头上的虱子一样明显，就是社区的居民，但是不能忽略营销。咖啡馆就在客户群体的家门口，他们每天上班下班、出门进门都能看见，还需要做营销吗？答案是需要。营销不只是营销店铺，还要营销产品。虽说社区的居民都知道这里有一家咖啡馆，但他们并不知道这家咖啡馆在卖什么，因为没有明显的标识或产品展示。换位思考一下，谁也不敢贸然推门走进一家看不懂是卖什么的店铺。

从营业数据上来看，阿布阿布咖啡馆绿城百合店本身还算是良性运转，如果能给我足够的时间或许也可以把那些问题解决，可能是因为我没有规划好连锁经营的模式，没有开好头，最终才导致闭店。不过好在还有国贸中心店这个"大本营"在，"阿布阿布"这个牌子还能吸引些人气，多年积累下的口碑还在，品牌没有倒下，算是不幸中的万幸。

2013年5月底，随着苏娘娘预产期的临近，我终于将阿布阿布咖啡馆绿城百合店这个累赘甩掉；6月初，心情大好的苏娘娘顺利产下少帮主。现如今少帮主已经4岁，我再没开过分店，不是不敢开了，而是要厚积薄发，阿布阿布最终还是要做社区咖啡馆的。

2.4 在购物中心里卖十元现磨好咖啡

2015年的七夕节，我应邀参加了一场创意市集活动，活动现场在郑州一家大型购物中心的中厅，我在活动现场摆摊卖咖啡、挂耳包和蓝盒蔓越莓饼干。

购物中心的人流量很大，人来人往，熙熙攘攘。逛购物中心我有经验，可是在购物中心里卖东西我一点经验都没有，看着隔壁摊主们数钱数到手抽筋，我这儿却迟迟不能开张，心里难免有些着急。虽然知道咖啡是小众产品，不好卖，但也不至于无人问津啊！后来我仔细观察了一下别的摊位，有经验的摊主都会把自己摊位的美术陈列做好。我学着简单摆弄了摆弄，果然效果好了一些。看来大家买东西还是要靠第一眼的"眼缘"的。

两天的活动仓促开始、仓促结束，通过活动，一家名为西元广场的购物中心的招商部何经理邀请我的阿布阿布咖啡馆入驻西元广场。

☕ Tips：购物中心的人流量大，租金贵，非常适合营业面积小的外带型咖啡馆。在过去，外带型咖啡馆和精品咖啡馆是两码事，但是现如今，越来越多的精品咖啡馆品牌都在涉足外带型咖啡馆，而且大有愈演愈烈之势。做精品咖啡的外带型咖啡馆以其小而美的外形、便宜的售价快速征服了消费者。

说实话，当时我并不看好在购物中心里开咖啡馆，这场创意市集就是一个缩影。我认为除了国际一线连锁品牌咖啡馆之外，本地品牌的咖啡馆不能在购物中心的高租金下良性运转。当时我就回绝了何经理，何经理却锲而不舍，诚邀我先到西元广场看一看。

此后半年的时间，何经理不断与我联系、沟通，我也多次到西元广场去考察。2016 年 4 月，苏娘娘代表阿布阿布咖啡馆与西元广场签订了入驻协议，我开始了全新的咖啡馆体验之旅。

之所以选择西元广场，我是这样考虑的：西元广场并不算一线购物中心，人流量不大，但入驻商家大多是独立品牌，与阿布阿布咖啡馆的品牌调性相对契合，因此客流也相对稳定。咖啡毕竟还不是中国饮品市场的主流，而我打算做的"十元咖啡"也只能算一个实验项目，开一家实验性的咖啡馆还是静悄悄地比较好。

在筹备阶段，会长建议我做"十元咖啡"。这与我的想法不谋而合，会长也在实际行动上给予了我很多支持，他说通上游供货商以最低的价格给我供货，并且给我一定的账期，鼓励我做好郑州第一家真正意义上的"十元咖啡店"。而我也把自己的利润压缩到最低，立志做好这家"十元咖啡店"。

在我身边所有人的概念里，"十块钱"和"一杯现磨咖啡"是不能画等号的，为此我一遍一遍地解释：一线城市的外带型咖啡店早已经开始卖十元咖啡了，而且只要能保证出杯量，十元咖啡不仅不会赔钱而且还会盈利良好，我做"十元咖啡"这个决定也是经过严格计算的，不是一拍脑袋就决定的。

进驻购物中心和租一家临街的商铺完全不同，商场的管理有严苛的标准，物业、商管、消防、工程等各个部门都需要严格审核。咖啡机等各个用电器需要多大功率要提前报备；装修动工之前需要提交正规的设计效果图、施工图、水电线路图、消防设施布局图等；装修时需要搭建围挡且只能在夜间进行施工……

不以规矩，不成方圆。越有规矩，事情越好办。在一系列烦琐的准备工作完成之后，装修工作正式开始。

Tips：在当下，咖啡早已经不再是"奢侈品"了，咖啡已经成了很多年轻人的刚需。动辄三四十元一杯的咖啡让很多愿意尝试咖啡的潜在消费者望而却步。在收入相对高的一线城市，咖啡的价格反而低，消费咖啡的人群很多；在收入相对低的三四线城市，咖啡的价格反而高，消费咖啡的人群很少。这个现象值得我们每一位从业者思考。

在阿布阿布咖啡馆西元广场店装修期间，我参加了一次"摸底考试"。

之前无论在写字楼里开咖啡馆还是在社区开咖啡馆，一天的出杯量都是极其有限的，不能与购物中心里的咖啡馆同日而语。我和员工们都没有大量出品的经历。我想如果这个时候能有一次测试该有多好啊！

而我的运气就是这么好。郑州本土的摇滚音乐节如约而至，在音乐节现场需要有吃喝玩乐的配套，主办方邀请我去现场卖咖啡。我非常高规格地对待这次音乐节，在主办方提供的帐篷里搭建了一个标准的咖啡吧台：咖啡机、磨豆机、冷藏柜、净水设备、制冰机、开水机等，各种吧台大件小件一样不少。

音乐节安检门外排起了长队，我如临大敌。当人潮汹涌而来，在我的帐篷前排起了长队时，我反而静下来了，我和苏娘娘还有两名员工有条不紊地工作，不到半天时间，就摸索熟了快速出品的流程。

音乐节两天时间，我卖了在楼咖时两个月的出杯量，人员配合默契，而且没有出错一单，期间我们四个人还分别看了自己喜欢的乐手的演出，剩余三个人的配合也非常娴熟。"摸底考试"成绩合格。

Tips: 外带型咖啡馆的出杯量一般都是非常大的，可以用流水线作业来形容外带型咖啡馆做咖啡的"盛况"，很多独立咖啡馆的咖啡师很少有这种快速出品的体验。如果吧台动线设计不合理、操作流程不规范，影响到出品速度，就会直接影响营业额。

西元广场店的装修工作结束，带着一份合格的成绩单，阿布阿布咖啡馆又一个全新类型的店铺开业了。全新的装修风格，全新的产品定位，全新的员工，给顾客带来了全新的客户体验。

拆围挡之前，我邀请朋友们来探班，雪飞姐来的时候跟我说："你之前的那个标语不适合了，你要想一个新的标语，要简洁，要朗朗上口，要突出十元和精品咖啡。"经过雪飞姐的指导，"十元现磨好咖啡"这个标语开始被大家熟记。

购物中心真的是一个人流量很大的场所。我拆下围挡就有顾客来买咖啡。在最初的一段时间，几乎每个顾客都不相信一杯现磨咖啡只要十元，他们往往会质疑地问：

"十元？真的是十元？"

"你们十元的活动做到什么时候？"

"你们正价是多少钱？"

"你们这不是现磨的咖啡吧？"

"你们老板疯了吧？"

当客人喝了一口咖啡之后，会更加惊讶：

"你们这个咖啡怎么才卖十元？"

"这可比我在××咖啡馆喝的咖啡好喝多了。"

"你们老板真是疯了。"

几乎每天都会遇到这样的问题，店员反馈给我之后都替我着急："武老师，咱不卖这么便宜了吧，这怎么赚钱啊？"

还有同行在网上诋毁我，说我在打价格战，将来一定会两败俱伤；还有同行在点评网站上匿名对阿布阿布咖啡馆发表差评，恶意抹黑。在微博上、微信公众号平台上给我留言，质疑我的人也非常多，当然更多的是看热闹的人。

面对这些，我一概笑而不语，因为这家外带型咖啡馆对于我来说只是实验店。

虽然这种外带咖啡馆在大城市已经成熟，但是在郑州还没有，我和消费者都需要有一个适应的时间。

Tips：市场就是这样，当一个约定俗成的规则被打破时，往往会出现很多质疑乃至反对的声音。不破不立，很多商业巨头就是因为敢于打破约定俗成的规则，才成了商业巨贾，建造了自己的"商业帝国"。咖啡行业刚刚起步，正是一个可以出英雄的"乱世"，成与败，就看谁敢想敢于了。

开店初期的混乱状况持续了没多久，客人们就开始慢慢接受——原来好咖啡也可以卖这么便宜。然后就开始有每天固定来买一杯咖啡的客人，再然后每天固定来买一杯咖啡的客人就越来越多了。

可乐、咖啡、茶是世界三大饮料；但在中国，咖啡明显比不过茶，这是中国根深蒂固的茶文化所决定的。想要扭转这个局面是不可能的，但让更多的人在接受茶的同时再接受咖啡并非难事，况且现在已经有越来越多的年轻人开始喝咖啡了。

咖啡卖便宜了，喝咖啡的人自然就多了。是不是所有咖啡馆的咖啡都要卖这么便宜呢？有一些新入行的咖啡馆老板来问我："是不是我的咖啡馆也得卖十元啊？"这个时候我往往会给他们举一个活生生的例子。

有这么一家咖啡馆，非常认可我做十元咖啡这件事，自己也去做了十元咖啡。他们先是租了一家购物中心里70多平方米的铺子（阿布阿布咖啡馆西元广场店的营业面积只有20多平方米），然后又在视觉识别系统设计和室内装修上花了很多钱，接着又在营销推广上花了很多钱，最后买了一台很便宜的咖啡机，所有的原材料也用的是最便宜的。开店第一天，咖啡师做咖啡做到手软，老板数钱数到手抽筋；开店第二天，门可罗雀；开店第三天，依旧门可罗雀。后来咖啡售价翻倍，不敢再强调十元咖啡，再后来开了连锁店，依旧是在营销推广上花钱，不舍得用好设备，生意却再也没有达到第一天的高度，据说现在已经快经营不下去了。

所以，不是每家咖啡馆都适合做"十元咖啡"。但每家咖啡馆都可以压缩老板自己的利润，把咖啡卖便宜。

Tips：想让更多的人接受咖啡，价格是很大的一个因素。每个人都知道茶叶很贵，但是并非所有茶饮都很贵；咖啡却恰恰相反，咖啡豆并不贵，但咖啡饮品很贵。主要原因就在于（把咖啡豆做成咖啡饮品的）咖啡店运营成本太高。如果我们能够在经营咖啡店时降低运营成本，是不是就能把一杯咖啡饮品的售价降低呢？降低运营成本的方法有很多，把营业面积减小，房租就会减少；利用合理的产品动线设计以及智能的设备就可以减少员工数量，工资支出就会减少。降低成本的方法还有很多，需要从业者自己去摸索出适合自己的方法。

我做"十元现磨好咖啡"只是一个实验，阿布阿布咖啡馆与西元广场的合同也即将到期。虽然没有和西元广场续约的打算，但是我一定会做"十元咖啡店"，我也希望市场上有越来越多的"十元咖啡店"，到那时，才是咖啡馆盈利的好时候。

2.5　做一家线上咖啡馆

除了实体的阿布阿布咖啡馆，我还经营着线上的阿布阿布咖啡馆，感谢这个互联网时代，感谢互联网时代的大咖，有了网店配合实体店，生意也变得越来越好了。线上的阿布阿布咖啡馆不单单是一家网店，而是一个全方位的线上咖啡馆，通过电子商务平台、外卖网站都能买到阿布阿布咖啡馆的产品。

2009 年我开始经营阿布阿布咖啡馆，那时我还是比较排斥网购的。我和大多数人一样，最早接触网购时都是以"看不见、摸不着"为理由拒绝的。

阿布阿布咖啡馆的淘宝店开得比较晚，一来是我认可网购就比较晚，二来是我有拖延症，一直懒得打理淘宝店。阿布阿布咖啡馆的淘宝店只卖周边产品，开了这么多年，销售额非常好统计：0.00 元。

在淘宝网买东西我算是有经验了，卖东西我凭的却是买家的一厢情愿，感觉自己把淘宝店开起来了，那些"亲"们就会主动找上门来，结果事与愿违，根本没人理我。之前也有过几条旺旺留言，也都因为我没有及时回复而杳无音信。因此这么多年阿布阿布咖啡馆的淘宝店什么产品都没卖出去。

2009 年我就是通过淘宝找到的会长，后来我去找会长"取经"，会长也是知无不言言无不尽，先是告诉我他早在2006年就开始在淘宝上销售咖啡设备、咖啡器具、咖啡豆，同时经营着好几个淘宝店，而且都做到了皇冠，和他同时期开淘宝店做咖啡贸易的人有的不做了，而那些还在做的早已赚得盆满钵满。会长说开淘宝店没有捷径，就是靠吃苦耐劳。顾客来消息了要第一时间回复，同行竞争这么多，顾客肯定是货比三家，开着多个窗口问话的，时间就是金钱，谁先回话谁就占得了先机。虚拟店铺也要"装修"，页面整理得好看总能吸引人。会长说他那些年整夜整夜地奋斗在淘宝店后台，无非就是仗着年轻，吃苦耐劳一些。

听会长一席话，胜读十年书。虽然道理懂了，但我依然难以改变这个现状。阿布阿布咖啡馆的淘宝店和店里的一些商品就这么一直挂着，占用着阿里巴巴的云空间。

有精力了，我想还是应该找一个专职员工专门打理阿布阿布咖啡馆的淘宝店。

阿布阿布咖啡馆的微店是苏娘娘在打理，卖了几盒蓝盒蔓越莓饼干。阿布阿布咖啡馆的微店倒是在"微店"刚上线的时候就开了。因为可以在手机端操作，手机永远比我"智能一步"的苏娘娘就主动承担了打理微店的任务。可惜微店的后台并不好操作，做了一段时间也处于半荒废状态。

Tips：不要小看电子商务平台，现代人越来越"懒惰"，虽然"喝咖啡"这件实体的事情不能由电商代劳，但是咖啡器具、咖啡豆、电子代金券等都是可以通过电商平台来销售的。实体店铺辅以虚拟店铺，不仅能增加营业额，还能为实体店引流，所以虚拟店铺的经营是不能忽视的。

线上销售的方式当然不只电子商务平台这一种。后来兴起了一种叫"线上团购"的方式。团购这个词大家都懂，在没有互联网的年代，逢年过节单位都要找百货公司团购年货发给员工，团购比单独购买要便宜，就像批发一样。互联网时代的"团购"也是为了图便宜，商家割舍利润，给消费者实惠。

很早的时候，我接到过一个电话，是一个北京的号码，打电话的人上来就问我咖啡馆能不能包场。我说当然可以包场了。那人问我包场消费的价格能不能优惠。我说包场有包场的费用，价格肯定比单点饮品便宜。那人又问如果来的人多，能不能分批包场。我一下子蒙圈了，问他们要组织多大的活动。他说他们公司的会员非常非常多，都是有消费能力的，不可能同时来咖啡馆，能不能分别给每个人优惠。我越听越蒙圈，刚才说包场，现在又说不能同时来，那他们做的什么会员活动啊？这不会是骗子吧？那人接着说他们的会员很多，都喜欢喝咖啡，都喜欢泡咖啡馆，能不能给个优惠价。我一下子明白了，这我见多了，绕这么大一个圈子，不就是要个会员价嘛，再说了，我即使给了会员价，他们公司的会员也不一定能来几个。那人说会员价不行，要给更低的价格，不能超过半价，他保证每一个会员都会来至少一次。我又蒙圈了。这不是来谈生意啊，这是明抢啊！先不说我能不能给半价，我让他先说说怎么保证每个会员来一次。他吧啦吧啦说了半天，我听懂了，就是现在讲的"线上团购"，只不过那时候团购网站刚刚兴起，刚推广到郑州，听说过的人很少，用户更少。我当机立断地告诉他：我不做这个。

为什么不做？半价啊！我的利润还不到 50% 啊！他们让我做半价！这就等于赔钱卖产品。我不是不看好团购这个形式，我只是担心自己没有利润，而参与团购的客人又是因为价格便宜才来的，到头来自己并没有赚到钱；如果不做团购了，产品恢复原价了，那些参与过团购的客人也不会再来了，到头来还是没钱赚。

后来线上团购在餐饮行业大行其道，阿布阿布咖啡馆从未做过一次。不过听说也有餐饮同行利用团购做到风生水起的，不得不佩服。

后来阿布阿布咖啡馆做十元咖啡，比三十元咖啡的一半还便宜。很多人建议我不如原价三十元做十元的团购。我说这是不一样的。十元咖啡是一种意义，是告诉消费者有既便宜又好喝的咖啡。三十元咖啡做十元团购，是告诉消费者这里有便宜可占，但是当便宜没有了之后呢？还是十元咖啡来得长久。

团购做的是流量，十元咖啡做的也是流量。

Tips：虽然阿布阿布咖啡馆不做团购，但是我并不反对团购，反而我自己也是很多团购网站的会员。作为消费者来讲，团购很优惠、很便捷；作为经营者来讲，团购是一把双刃剑，可以引流，甚至可以盈利，但也会因为利润的薄弱而导致闭店。

阿布阿布咖啡馆在西元广场卖十元咖啡卖出了流量。团购网站纷至沓来，但我兵来将挡，水来土掩，坚持底线，一个都不做。团购网站走了，来了外卖网站。外卖咖啡才是我想要做的。

互联网时代给我们带来了电子商务，很多人都觉得电子商务冲击不到餐饮行业，因为吃饭喝水必须亲力亲为，不去饭店怎么吃饭？但互联网就是要逆向思维，你不去饭店，饭店把饭给你送到家。

外卖网站最开始也和团购网站一样，狠狠地杀价，狠狠地要折扣。我对每一家外卖网站的业务员说过同样的话："要么原价，要么不做。"后来，几家外卖平台都和阿布阿布咖啡馆合作了，都是原价，都不打折，都不做活动。

利用外卖网站卖咖啡绝对不是给独立咖啡馆引流，而是单纯地增加了营业额。郑州一位研究餐饮行业的传媒大咖曾经在本地餐饮行业交流时说过，外卖和堂食的营业额要做到一比一，才能体现出外卖的价值，多了也不行，少了也不行。试想一位消费者都通过外卖网站买咖啡喝了，他亲自到这家咖啡馆坐一坐的概率能有多大？这个问题我看得很清楚，你点阿布阿布咖啡馆的外卖咖啡和你来阿布阿布咖啡馆坐下来喝的咖啡是一样的，付出的成本也是一样的（配送费另算）。我必须要守住这个底线。作为餐饮行业的经营者，我同时也是餐饮行业的消费者，我见过太多因为外卖打折所以菜品缺斤短两、降低品质最后倒闭的饭店。

在各个外卖平台上卖咖啡，就像多了好多家线上的阿布阿布咖啡馆。虽然几家线上咖啡馆累计销售量都比不上一家实体咖啡馆，但这只能说明咖啡目前还不是刚需，很多人并不需要经常喝咖啡。我不着急，咖啡的推广是需要时间的，不是一朝一夕的。可喜的是，已经有几个固定客人通过外卖平台买阿布阿布咖啡馆的咖啡了，我不知道他们姓甚名谁，不知道他们是做什么的，更是从未谋面，但是我知道他们喜欢喝咖啡，喜欢喝阿布阿布咖啡馆的咖啡，喜欢喝十元现磨好咖啡。

在外卖平台上经营的线上咖啡馆我会一直坚持做下去的，你点还是不点，阿布阿布咖啡馆就在这里，不离不弃。

Tips："外卖"是电子商务时代的产物，真正解决了很多零售电商不能解决的问题。独立咖啡馆如果能利用好外卖平台，参透游戏规则，提升营业额不再是一纸空谈。

阿布阿布咖啡馆 2017 年度外卖平台产品销售排行前五名

外卖平台	第一	第二	第三	第四	第五
美团	卡布奇诺	红茶拿铁	美式咖啡	摩卡奇诺	抹茶拿铁
饿了吗	焦糖拿铁	拿铁咖啡	美式咖啡	卡布奇诺	白桃乌龙

把线上咖啡馆开起来比把实体咖啡馆开起来要省心很多，只需要证照齐全，在计算机上操作即可。但是经营起来就没那么简单了，电子商务是新生事物，在线上经营需要时间来探索。

2.6 开一家咖啡馆应该如何选址？

开门做生意，赚钱是第一位的。一家咖啡馆能不能赚钱，选址是最重要的。选址这件事，每个国际连锁大品牌都有自己的一套标准化流程，这个问题太大，想把这个事儿说明白就值得写一本书。每次有想开店的朋友问我这个问题，我都不知从何说起。我在这里只能长话短说，结合我多年的经验，希望大家今后在开店的时候少走弯路。

一座城市看起来非常大，其实经过合理的区域划分之后，适合经营咖啡馆的地方少之又少。一般城市可划分为商业区、居住区、行政区、公共服务区、工业区、交通与仓储区、风景游览区、城市绿地、特殊功能区等。最适合开咖啡馆的区域就在商业区和居住区；行政区、风景游览区、公共服务区次之；其他区域再次之。在商业区和居住区开咖啡馆，就是普通的商业咖啡馆，在其他区域开咖啡馆可以当作配套服务。

一座城市有大的区域划分，每个小区域内也有不同的特点，我们开咖啡馆的时候切不可盲目选址，认为只要是在商业区就能赚钱，这个时候就要看微环境了。我们常常会见到这样的场景：一条街上两家经营同类产品的店铺一家赚钱一家不赚钱。为什么会出现这种情况呢？其实就是看不见、摸不着的"选址"造成的。

Tips：独立咖啡馆不同于连锁咖啡店，没有试错的机会，所以在选址时必须谨慎、谨慎、再谨慎。在选址的时候，有一个小窍门可以参考，那就是"跟大牌"。国际一线餐饮连锁品牌的选址工作有一套成熟的标准，它们把店开在这里，就说明看好这里，就说明这里是有有效人流量的。大牌肯定是占据最好的位置，我们经营独立品牌只能退而求其次，选择相对较好的位置，和大牌成为邻居，不仅增加独立品牌的曝光度，还能吸引一部分客流。但是也要小心大品牌旗下的"资本店"——只为曝光、不为赚钱的店铺。

独立咖啡馆选址说明

	经营业态	店铺选址
专业型咖啡馆	以销售专业的精品咖啡为主，产品简单，店铺装修精致，强调咖啡专业性，搭配教学和售卖咖啡豆。	选址需考量成本及预算，可以在交通便利的非主要街道、小巷、住宅区底商或商圈外围。
外带型咖啡店	以销售外带饮品为主，以上班族和逛街人群为目标客群，店铺空间小，大多不设客座区。	选址需考量人流量，交通便利、人流量大、客群集中的商圈、写字楼、大专院校是首选。
餐饮型咖啡馆	咖啡与餐结合销售，产品丰富，咖啡一般不作为主打产品，店铺空间大，装修精致。	选址需考量人流量以及坪效，餐饮集中的区域以及交通便利、人流量大的主要街道和商圈都可选。
复合型生活馆	咖啡与书、花、家具、杂货、服饰等融合，为咖啡注入不同的主题，店铺内部有区域划分。	选址需考量人流量，根据目标融合的产品选择目标消费人群比较集中且便于达到的区域。

抛开小窍门，按部就班地选址无非参考三个元素：客流量、消费力、租金。

1. 客流量

有客流量才会有生意，现在已经不是那个"酒香不怕巷子深"的时代了，只有店铺的曝光度高，生意才会好，客流量大的地方，曝光度自然就高。测算客流量只有一个笨方法，就是蹲点，当然这也是最实用、最准确的方法。大的人流量一眼就能看出来，但是一眼就能看出来的地方，要么租金高到离谱，要么这个人流量不是有效人流量。例如，有一个超级大的地铁换乘站，每天上下班高峰期在这里换乘地铁的人很多，这个地铁站里面有一个小窗口要出租，我们敢租来卖咖啡吗？这么大的人流量都是着急去换乘下一班地铁的，没有人会停下来买一杯咖啡喝（即使真的有人愿意停下来，后面的人也会推着他往前走）。所以我们测算的是客流量，而不是人流量。我们期望的客流要稳定，要能停留，要符合我们将来开店的目标客户群体。

人们走路、逛街是有一种习惯的。一条并不宽敞的东西走向的马路，或许只是因为路南半幅有阴凉，路南侧的店铺生意就好很多；一个十字路口，或许只是因为东北角有一幢写字楼，东北角的店铺生意就好很多；一个地铁站、一个公交车站也会改变一条街上店铺生意的好坏。树荫、写字楼、公交车站……这都是在测算人流量时需要注意的细节。建议计划开店的朋友在看中某个地段之后实地去走一走，反复走，各个时间段都走几趟，观察客流的特点，观察现有店铺的状况，真正做到心中有数。

2. 消费力

消费力这个概念很混沌，不同人对此的理解也不同，不同人的生理因素、心理因素有差别，同时时间因素、空间因素、资源因素等都有差别，消费力自然也有差别。举一个例子：尿不湿这个产品，消费力主要在新生儿的父母，这就是时间因素决定的，一个人不可能一直是尿不湿的消费者；同样，尿不湿的消费者也不完全都是新生儿的父母，新生儿的父母也不都会选择尿不湿。

消费力并不和收入、身价完全挂钩，有很多有钱人喜欢喝茶，你的咖啡再好他们也不喝，他们的咖啡消费力是零；有些刚参加工作的年轻人，收入并不高，但是他们需要每天喝一杯咖啡，他们的咖啡消费力就很强。我曾接受过一家报社的采访，当时和那位记者坐在阿布阿布咖啡馆国贸中心店20层楼上的落地窗边，我们聊到消费力的问题，我指着楼下修高架桥的工地反问他："你的工资高还是修高架桥的工人工资高？"记者说工人的工资高。我又问他："他们舍得像你一样花钱喝一杯咖啡吗？"记者摇摇头。我又问记者："你舍得像他们一样花钱去洗浴中心洗一个澡吗？"记者又摇摇头。然后我告诉他，研究消费力就是这么有意思。选址的时候我们就需要充分考虑消费力这个问题。我们可以给咖啡馆的目标客群做一个画像：年轻人、大多能够接受新鲜事物、女性居多、有在海外生活经历的居多、接受过高等教育的居多。有了画像我们就可以"按图索骥"，找到这类人群聚集的地方，比如中央商务区、大学城与购物中心等。

3. 租金

很多想开咖啡馆的人都比较关注租金，而我则认为不必过分关注租金的高低，而要关注租金是否合理。当我决定把阿布阿布咖啡馆开在购物中心里面的时候，很多朋友说的第一句话就是："购物中心的租金高啊！"没错，购物中心的租金是高，但是你要考虑购物中心的客流量和消费力，这两项指标也是很高的，高租金可以带来高回报，那么高租金就不是问题。我反问他们："如果有一间铺子，租金非常低，只是市场价的一半，你敢租吗？"这个时候他们往往会犹豫。一切不符合市场规律的经济行为都要认真对待，这种超低租金的铺子我永远不建议去租。很多做过生意的人都知道，租金是运营支出的大项，可是这个大项又是必需项，只要是合理的、在承受范围内的租金，就没有问题。

在开店之前还是要走访，多了解这个区域的租金，得出一个平均值，如果你看中的铺子的租金十分接近平均值，那就没有问题。餐饮行业的毛利比其他行业要高一些，在目前电商的冲击之下，餐饮业还算是实体经济中相当坚挺的行业了，租金真的不是阻碍你开店的拦路虎。

Tips: 选址不是一拍脑袋就决定的，是有原则的，必须弄明白客流量、消费力、租金是怎么回事，相互之间是什么关系。不能只盯着客流量不放，也不能只盯着租金不放，三者相辅相成，才能成就一间"黄金铺位"。

有了这三项大原则，我再说说具体的小项目。

从城市的角度来看，城市级别、城市人口和城市发展是需要考量的。计划要开店的城市属于几级城市，是否是省会城市、是否是区域中心城市；计划要开店的城市有多少人口，多少是常住人口、多少是流动人口；计划要开店的城市未来会有什么样的发展。这些因素虽然不是我们个人能力所能改变的，但在经营策略上是需要考量的，是开一家一步到位的咖啡店还是先小本经营、慢慢积累？这都是和城市的基本情况息息相关的。

接下来再看区域，需要考量的内容也很多。首先就要分析是什么区域类型，商业区或居住区是非常适合开咖啡馆的，只要把产品、环境和服务做好，生意就不会太差；开在行政区、公共服务区、风景游览区的咖啡馆就需要做好配套服务，这些区域的消费人群很稳定，但也更特殊，要做有针对性的服务，不要盲目乐观。确定区域类型之后就要考量消费人群的特点，居家休闲、商务办公、情侣休闲、娱乐等，都是不同的消费人群，不同的消费人群就会有不同的产品需求，要在选址时做好分析。同时我们需要分析潜在客源，选址周边两千米内的酒店、住宅、写字楼、行政事业单位、工厂、学校、医院、商场等都需要考量，对在这些地方居住、工作、生活的人群需要全面了解才有助于我们更好地选址。了解区域内的竞争对手也是非常有必要的，知己知彼才能百战不殆，我们在选址时需要了解竞争对手的数量、品牌、距离、产品特点、客流量和客人的消费特点、消费习惯等，区域内的咖啡馆是不是饱和，区域内的消费者喜欢什么样的产品，这些调查对我们选址以及将来的运营都非常有帮助。最后还要考虑道路通行条件：门前的道路是单行道还是双行道，有没有隔离带，是路口还是路段，是不是步行街，有没有停车位，停车位紧张不紧张，有没有公交、地铁车站，人行道宽敞不宽敞等。

最后才是门店的硬件标准：展示面是否够大，展示面朝向如何，可见度是否够高，有没有通透的落地窗，消防是否过关，排污是否方便，安全出口合理不合理，房屋结构如何，内部结构如何，是新房、旧房还是毛坯房，房东是自然人还是法人，租金是否合理，租期是否够长，押金是否合理，等等。

Tips：选址事无巨细，是开店之前最重要的一步工作，或者说是开店的第一步工作。一家咖啡馆成功与否就取决于选址。选址是一项非常细致、非常烦琐的工作，稍有不慎就会导致满盘皆输，类似的例子不胜枚举。我当然不是要以此来吓唬大家，而是要提醒大家在选址时细心、细心再细心，多动腿、多动嘴，切不可懒惰行事。

选址从来不能纸上谈兵，每一个城市、每一个区域、每一个街道、每一个铺位，都有其自身的特点，不能一概而论，也不能相互类比。我只希望我讲的这些原则能对每一位想开咖啡馆的朋友有帮助。

下表是我总结的独立咖啡馆选址调查评估表，有开店意向的朋友在选址的时候可以用得上。

独立咖啡馆选址调查评估表

独立咖啡馆选址调查评估表		
地点概况	_____区_____路_____号 □主干道　　　□次干道　□支道　　　□步行街 □路口　　　　□路段　　□有隔离带　□无隔离带 □商业中心区　□商业区　□住宅区　　□教育中心区	
店铺结构	室外	主楼共_____层、店铺位于_____层 店铺门面宽_____米、高_____米 招牌长_____米、高_____米 门前空场_____平方米
	室内	形状：□正方形　□长方形　□不规则形状 　　　□圆弧　　□柱子　　□尖角 面积：_____平方米　长_____米；宽_____米 门：□有　□无　　　仓库：□有　□无 洗手间：□有　□无　隔间：□有　□无
物业条件	租金_____元/月；租期_____个月；押金_____元	
	房东：□个人　□法人　□二房东	
	租金调整：□每年上调_____%　□不上调	
	转让费：□_____元　□无	
商圈分析	临铺　左侧：_____、_____、_____ 　　　右侧：_____、_____、_____	
	营业时间：___：___-___：___	
	空铺　左侧___家，右侧___家	
	客流	15~25岁占比约___% 25~35岁占比约___% 35~45岁占比约___%
		女性占比约___%；男性占比约___%
		学生占比约___%；居民占比约___%；游客占比约___% 上班族占比约___%；商业人员占比约___%
		9:30~11:30　工作日___人；节假日___人 13:30~15:30　工作日___人；节假日___人 17:30~19:30　工作日___人；节假日___人 20:30~22:30　工作日___人；节假日___人
竞争对手	竞争店铺：□有___家　□无	
	竞争对手品牌：_____　　　距离：___米 营业面积：_____平方米　主打产品：_____ 客单价：___元　营业状况：□优　□良　□一般　□差	
	竞争对手品牌：_____　　　距离：___米 营业面积：_____平方米　主打产品：_____ 客单价：___元　营业状况：□优　□良　□一般　□差	
	竞争对手品牌：_____　　　距离：___米 营业面积：_____平方米　主打产品：_____ 客单价：___元　营业状况：□优　□良　□一般　□差	

第 3 章

一边开店一边学

　　开咖啡馆的过程也是一个学习的过程，学习做咖啡、学习经营管理、学习各种技巧，就像诸子百家时期的一个杂家那样，虽不敢说上知天文、下知地理、博古通今、学富五车，但也能在人群中脱颖而出，这样的咖啡馆老板，才是会开车的好裁缝。而我，就是在开咖啡馆的这 8 年中逐步把自己的人设打造成这样的。

03

3.1 咖啡达人是这样炼成的

2009 年开咖啡馆之前，我对咖啡没有任何的认识，但随着经营咖啡馆的时间越来越久，我对咖啡的认识和了解也越来越深刻，不仅学会了做咖啡，还学会了烘焙咖啡豆，并且把学到的知识进行了梳理和总结，形成了自己的咖啡知识体系，培训了很多优秀的咖啡师，也把知识传递给了很多咖啡爱好者。

一直以来，所谓的咖啡学都没有一套成型的体系，国内外的业界知名人士都写过自己的专著，可惜这些专著都不能面面俱到，只能深入，不能浅出，更有甚者文字晦涩难懂，对于从业者和爱好者来讲，接受起来还是有很大难度的。开咖啡馆期间，我读了很多知名人士的专著，边读书边查阅资料，还要做读书笔记，每有会意，便欣然忘食。和我同时期开始做咖啡且有学习欲望的人，都是凭借自己的努力和探索，一砖一瓦地搭建了属于自己的咖啡知识体系。

Tips: 有很多新入行的年轻人都觉得咖啡理论知识很枯燥，但是我总要求他们先学习理论知识。我也尽我所能把枯燥的、不成体系的理论知识进行梳理和总结，一遍一遍地讲，一遍一遍地改，逐步形成了一套以"从种子到杯子"为顺序的、便于理解和学习的咖啡知识体系。

学习的过程是痛苦的，学习咖啡学尤甚，因为没有系统的体系，不知从何学起。2009年时不要说体系、系统，就连网上能找到的相关专业文章都是漏洞百出，或者早已过时。即使这样，我仍然坚持不停地在网上找文章看，只要别人愿意分享，我就愿意学习。

2009年正是第三波精品咖啡文化汹涌来袭、第二波咖啡文化负隅顽抗的新旧交替阶段，咖啡理论相互矛盾、互不相让，对于要学习知识的我来讲，的确需要先明辨是非，有所选择地学习。好在我总是能遇到志同道合的朋友，冉倩师傅在把咖啡萃取的基本操作教会我之后，便离开了咖啡行业，去寻找她自己想要的生活了。接着我便遇到了王卉辛，有留学经历的他在2008年就开了自己的独立咖啡馆，闭店后在一家咖啡贸易公司工作。王卉辛对咖啡的理解有着舍我其谁的霸气，当我还在用全自动咖啡机的时候，他已经用上了半自动咖啡机；当我还在用冲茶器打奶泡的时候，他已经信手拈来做各种复杂的拉花图案了；当我还在用商业豆的时候，他已经买了烘焙机自己烘焙咖啡豆了。总是先我一步走的王卉辛却能够孜孜不倦地向我传授着他对咖啡的认识和理解，在王卉辛的帮助下，我积累了大量的咖啡知识，虽然这些知识都是零碎的知识点，就像一粒粒珍珠，但这些珍珠已经放在了我的宝盒里，只差一根线将它们串起来了。

我跟着王卉辛学到了我受用至今的两项技能：手冲咖啡萃取和咖啡豆烘焙。那段时间我就是王卉辛的小跟班，虽然我年纪比他大，他也一直叫我"武哥"，但是我对自己的定位就是来跟他学习做咖啡的。我跟着王卉辛做了一个咖啡工作室，就在他家地下室的阳光房里，我每天看他做手冲咖啡、烘咖啡豆，时间久了我也会上手做一做，他总是悉心指导。有时候他去外地与别的咖啡馆老板做交流或是去参加咖啡类的博览会，我就跟着他一起去，静静地听，默默地学。

和王卉辛一起做工作室的那段时间，我也很好地兼顾到了阿布阿布咖啡馆，买了第一套手冲咖啡器具，买了第一本关于咖啡知识的书。我带着阿布阿布咖啡馆的店员们一起研究手冲咖啡萃取，一起如饥似渴地读书，店里处处是学习的氛围。那一段时间，我要求店员每天中午一点半为店里的每一位客人送一杯手冲咖啡，也正是在那一段时间，阿布阿布咖啡馆积累了第一批接受手冲咖啡的会员，我的学习初见成效。

虽然那时的王卉辛也仅仅是具备了比较基本的技能，只是能够熟练操作，也在边学习边摸索，我从他那里也仅是学基础知识。但他对待咖啡认真、肯钻研的态度深深地影响着我，一直到今天，我对待每一杯咖啡的态度都不敢松懈。

后来王卉辛不愿意继续做咖啡了，他在茶饮市场取得了巨大的成功，我却一直沿着咖啡之路艰难前行。这个时候会长站出来引领着我继续前进。会长入行比我早了四五年，对整个行业看得比我更透彻，具备的咖啡知识也比我丰富，跟着他学习我受益匪浅。

会长一直在推动郑州咖啡行业的进步。虽然我和会长自 2009 年起就有合作，但因为阿布阿布咖啡馆的生意起色较慢，采购量太低，一直没有深交。随着交流的愈加深入与频繁，我才知道会长绝非等闲之辈，而是我在咖啡行业应该学习的榜样。慢慢地，我和会长成了无话不谈的好朋友。

2013 年，阿布阿布咖啡馆的生意渐渐有了起色，我对咖啡的了解和认识也渐渐加深，但仍旧只是浮于表面，对很多深层次的专业知识还不是很了解。王卉辛转行后，我们的咖啡工作室就停摆了，我没有了练习咖啡豆烘焙的条件，恰好在这时，会长代理了我国台湾地区的某品牌咖啡豆烘焙机并在他的门店摆放了一台样机。会长虽然也没怎么操作过烘焙机，但是他掌握的咖啡烘焙的理论知识还是很丰富的。会长向我传授了咖啡豆烘焙时的几个阶段划分，每个阶段的咖啡豆的变化以及需要怎样操作烘焙机。会长给我看的虽然只是一个简单的表格以及寥寥数语，但是对于我已经无异于烘焙宝典，我把表格拍照，保存在手机相册里不时翻看，每看一次都会有新的收获。

在会长的鼓励下，我买了一些咖啡生豆，用会长的烘焙机继续研习咖啡豆烘焙，并逐渐熟练掌握了烘焙机的操作原理，掌握了咖啡豆烘焙过程中几个阶段的变化。经过不断地练习与改进，终于，我烘焙的咖啡豆可以用在阿布阿布咖啡馆售卖的咖啡中了。

从那时起直到今天，会长不停地向我传授咖啡知识，还带我参加了 2016 年世界咖啡师大赛中国区总决赛（CBC）。通过参与比赛，我对咖啡的认识和理解又加深了一个层次，会长说这就是我们参加比赛的意义。会长的员工王欢以河南分赛区亚军的身份晋级中国区总决赛，组建总决赛团队之初，我向会长表达了加入团队的意愿，会长考虑再三，终于同意。世界咖啡师大赛表面上比的是意式机的操作，实际上比的是选手以及团队对于咖啡豆、咖啡机、咖啡萃取的理解和认识。我加入团队后参与了比赛用豆的烘焙工作，会长毫无保留地把他所了解的烘焙知识传递给我，我也提出了几个烘焙方案与会长探讨，经过反复试验，最终确定了比赛用豆烘焙方案。确定方案后，会长给我提出的要求是"稳定"。每一次烘焙我都高度紧张，每一秒都在复制上一次的烘焙节奏，做到了稳定的"完美复制"。

去上海参加全国总决赛我们铩羽而归，在回来的总结会上，会长说得最多的就是学习和收获。

我在王卉辛那里收获到了满满一宝盒珍珠，会长教我把它们串成项链，并且不断地教我如何打磨、如何保养。在诸位良师益友的帮助下，我经过多年不断地学习，终于捋顺了思路，建立了自己的知识体系，我也终于可以算是咖啡达人了。

Tips：子曰："三人行，必有我师焉；择其善者而从之，其不善者而改之。"每一个人，必定有值得我们学习的地方。想深入一个行业，最重要的就是学习。饮用咖啡的历史虽然已有几百年，但是咖啡的知识体系还不够完备，咖啡行业的每一位知名人士都在用自己的心血去搭建咖啡知识体系，我们后辈唯有不断学习，才能对得起知名人士的努力，才能让咖啡行业变得更好。

能够把爱好当事业的人是幸福的，能够在把爱好当事业去奋斗的过程中不断地学习、积累是更幸福的。我能够从咖啡小白到咖啡达人，感谢每一个帮助过我的人，也感谢过去的自己做出的努力。

现在计划进入咖啡行业的人们无疑是幸运的，因为行业内已经有太多成体系的知识可以去学习。反观我们当年，有的只是血淋淋的经验，一次次失败，一次次重新来过，才有了一点一滴的积累。前人栽树后人乘凉，作为前人，我希望我栽下的树能够为后人带来一抹荫凉之地。

3.2　开咖啡馆不能只会做咖啡

经常有年轻的小伙伴兴奋地跟我说："武老师，我会做咖啡了，我可以像你一样辞职去开咖啡馆了。"每每遇到这样的小伙伴，我都会严肃地告诉他们：

"开咖啡馆需要会做咖啡，但不能只会做咖啡。"

2009 年的我也天真地以为开咖啡馆只要会做咖啡就可以了，请冉倩师傅来帮我筹备开咖啡馆时我也只是为了学习怎么做咖啡。随着经营的日渐深入，各种我从未预料到的问题开始凸显，毫无思想准备的我疲于应付，我也逐渐意识到：开咖啡馆是对一个人综合能力的考验，会做咖啡简直不能算技能。

Tips：我发过一条微博："咖啡馆老板太难干了，做咖啡做茶软调酒调饮料什么的都是小意思，不会做个蛋糕甜品什么的你都不好意思跟人打招呼，摄影你得会吧，设计你得会吧，脑力活、体力活干多少都不能嫌累，逢年过节中国传统文化的粽子、月饼、元宵你还得会一样，你说，这咖啡馆还怎么干？就这还都抢着干呢！这年头，就得玩儿综合实力。"

作为一个男孩子，从小我就喜欢舞枪弄棒，家里的各种钳子、扳手、改锥等也都拿得起放得下，不敢说样样精通，丰富的理论经验总是有的。但即使这般，还是难免在遇到突发状况时手忙脚乱。

我和其他咖啡馆老板聊天时喜欢开玩笑地问："你会通下水道吗？"玩笑归玩笑，但是通下水道这个事儿真的表达着很多咖啡馆老板的心声。数一数我们这一代的独生子女，在家里都是被宠着长大的，谁在家里也没干过脏活累活。可是开了咖啡馆，却真真地干了很多脏活累活，通下水道是夸张了，但开咖啡馆的老板们，谁敢说自己没在店里充当过水电工？别说换个灯泡、水龙头了，就是刷漆补墙我也不在话下。

有一天早上我和苏娘娘去阿布阿布咖啡馆上早班，刚一进门我就听见卫生间传出潺潺水声。我的第一反应就是卫生间漏水了，冲进卫生间一看，上水的金属软管与水箱的连接处漏水了，由于水压的缘故，漏水处呈喷溅状，卫生间的地面已经有了积水。来不及给物业打电话，我先关了水阀，把水止住。苏娘娘把地面的积水清理干净，我找出钳子和扳手把软管拆卸下来，看到里面的橡胶垫片已经老化了。我拿着换下来的金属软管去街边的五金店照着原样买了一根新的金属软管，又回去照原样把新的装上，小心翼翼打开水阀，没有再漏水。看看表才过去不到半个小时的时间，我感觉我像超人一样拯救了世界。

幸亏是上水管，不是下水管。

如果你只会做咖啡，遇到这样的情况怎么办？事情紧急，等不及物业，自己不练就一身的本领，头疼的总是自己。

Tips：独立咖啡馆没有连锁咖啡店那样庞大的人事体系，很多事情都需要老板亲力亲为。经营者不能只会做咖啡，遇到各种突发状况要有应对的策略，而策略就来源于日常的积累。

经营一家咖啡馆总得让它漂漂亮亮的，所以店内的花花草草总是少不了的。苏娘娘对花粉过敏，所以阿布阿布咖啡馆里很少有鲜花，但绿植从来少不了。一屋子的绿植总得好好养活吧，养花也是个技术活。

刚开咖啡馆的时候，我把去花卉市场买花当作一件大事来对待，但那时根本不懂怎么养花，买了很多漂亮的、大气的绿植和盆栽，不出半年就纷纷"阵亡"，堆在洗手间门口的大花盆还被别人耻笑过"不会养花就不要养嘛，养死了就把花盆移走嘛"。只有一盆一直放在吧台上的水养的粉掌活了三年多，无奈孤掌难鸣，最后也悄悄地离开了我。

阿布阿布咖啡馆从国贸中心店到绿城百合店，再到西元广场店，各种绿植买了不少，养死的也不少。后来我也是上网查资料、找养花专业人士咨询，才根据各种不同的室内环境选择不同的绿植，渐渐地把阿布阿布咖啡馆打扮得春意盎然。

养花也是非常讲究的大学问，一家姹紫嫣红、郁郁葱葱的咖啡馆总是闪闪惹人爱的。

近两年，各行各业都开始流行海报文化，各种海报铺天盖地而来。恰好我有熟练操作 Photoshop 的技能，在各个重大节日、重大事件，阿布阿布咖啡馆举办的每场活动、推出的每款新品等，我都会制作一幅海报，在没有大事情的时候，我也会做一些趣味的海报来宣传我的咖啡理念。

我做的第一幅海报纯粹是为了玩耍。甲壳虫乐队的专辑《艾比路》的封面被各种翻拍，有一天我心血来潮也要翻拍艾比路。我在阿布阿布咖啡馆的长桌上用白胶布贴出一条"斑马线"、一条"分道线"，再用一盆盆绿萝营造出

"行道树"，那辆白色的甲壳虫轿车用一只白色的咖啡杯替代，那个莫名其妙出现在照片里的美国人我用一只长颈鹿玩偶代替，封面的主角我用四只大小相同、形态各异的猫头鹰玩偶代替，整体还原度非常高。我拍下了照片，然后用Photoshop做成海报。我把这张海报发布在我的朋友圈，瞬间收获很多赞和评论。后来我在郑州纸的时代书店做猫头鹰玩偶收藏展，再一次用四只猫头鹰玩偶为主角翻拍了《艾比路》的封面作为展览海报。海报被印刷成巨大的展板摆在纸的时代书店门前，路人纷纷与之拍照合影。

第一次做海报就成功了，从此便一发不可收拾。除了纪念重大的节日、事件，推广咖啡馆的活动和新品外，我用收藏的猫头鹰玩偶翻拍的经典电影海报的系列海报在朋友圈的互动非常好。

有朋友说我做的海报"有毒"，还有很多专业做平面设计的朋友夸过我做的海报，我觉得这些评论都是对我做海报的最大褒奖。做设计虽然不是开咖啡馆的基本技能，但是对于咖啡馆的宣传推广来讲，有一幅恰到好处的海报真的会给宣传推广增色不少。

我上大学时有一位宿管阿姨在退休前是列车长，她说一个列车长就是一个社会学家，她经常给同学们讲她在工作中遇到的各种有趣的人和事。当我自己开了咖啡馆，我不敢说我是社会学家，但"知心大叔"这个称号总是没跑了。因为咖啡馆自带温馨属性，所以咖啡馆老板总能给人一种信任感，我觉得心理学是咖啡馆老板必须要有所了解的知识。

开咖啡馆这些年，有姑娘手舞足蹈地向我控诉前男友，有姑娘离职后痛哭流涕地向我痛斥前老板。一开始遇到这些事情，我只能陪着姑娘们哭，陪着姑娘们笑，除了配合表情外，我给予不了任何积极的帮助。后来我就开始认真地聆听，并且自学一些心理学常识，渐渐地用语言来缓解她们的情绪，帮助她们释放压力，最终看到姑娘们破涕为笑时，我也很欣慰。

你问我为什么都是姑娘？男生遇到伤心事喝两杯酒就好了，姑娘们心思细腻，需要慢慢开导。开咖啡馆这些年我也不记得开导了多少姑娘，其中有很多都只有一面之缘，我不求她们感激，只求自己能够真正帮助到她们。

看，学会心理学是多么重要的事情。

Tips：如果你只会做咖啡，去咖啡馆打工，做一名优秀的咖啡师就行了。如果你想开咖啡馆，千万不要再把重心放在做咖啡上了，不然你的咖啡馆就是一间冷冰冰的咖啡馆；如果能有一些技能加持，你的咖啡馆就是一间温馨的会员之家。

现在这个社会，拼的就是综合素质，没有三头六臂，不会七十二般变化，那你总得有点拿手绝活吧？现在不要说让我做咖啡了，就是让我做咖啡机，我都能拿起电焊焊锅炉。

3.3　开咖啡馆这些年我学了会计学、茶道、篆刻……

古人说过"学无止境"，古人还说过"活到老学到老"。开咖啡馆的我们还年轻，更应该多学习。我本着艺多不压身的理念，在开咖啡馆的这些年学了很多知识、本领、技能。有些看似和经营咖啡馆无关，但总比急用时再临时抱佛脚来得好，古人还说过"书到用时方恨少"嘛。

Tips：麻雀虽小五脏俱全，一家小小的咖啡馆其实并不小，面积小归面积小，但再小的面积在经营时也得面对同样的问题，所以我们在经营咖啡馆时就需要不断地学习、各种花式学习，哪怕是屠龙之技，可万一有一天用到了呢？

我学得最认真的是会计学。

很多开咖啡馆的同行都觉得自己经营的就是一家小店，注册的是个体工商户，连公司都算不上，能记个收入、支出的数字就可以了，没有必要再专门去学习会计学。在学习会计学之前我也是这么想的，就连去学习都是被迫的。经营阿布阿布咖啡馆的前几年，我连像样的账本都没有，就只有两本廉价的软皮本，一本记收入，一本记支出，月收入减月支出是正数就意味着这个月赚钱了，是负数就意味着这个月赔钱了。那么多年就一直这么记着，我从来没觉得有什么不对。

学习会计学也是因为王卉辛。当时王卉辛计划做一家华夫饼店，邀请我一同参与，我想了想就同意了。王卉辛认识一位阿姨是一名专业会计，王卉辛请她来给我俩讲会计学。一听说学会计学，当时我是拒绝的，开一家不足十平方米的华夫饼店，还要去学习会计学，那我干脆不参与这件事算了。王卉辛只是说会计工作很重要，即使不为华夫饼店，为阿布阿布咖啡馆也是有必要的，但至于学会计具体好在哪里，他也说不出个所以然来。我拗不过他，就硬着头皮去他家学了。

阿姨听说我经营多年咖啡馆，就问我是不是如此这般记账的。我说是的。阿姨笑着说："那你这就是糊涂账。"接着阿姨深入浅出地讲了会计工作的基本要求，还手把手教会我和王卉辛如何完成餐饮行业的会计工作。我越听越觉得有趣，非常认真地记笔记，学习效果非常好。

上完阿姨的课，我才知道我之前经营那么多年咖啡馆究竟是赔是赚，也对今后的运营有了较为深入的把控。会计工作讲究的是事无巨细，悉究本末，如果没有学习会计学，可能到今天我运营咖啡馆都是稀里糊涂的。如果有可能，我建议每一位已经开了咖啡馆的和将要开咖啡馆的朋友，去学一学会计学，哪怕简单学学怎么记账都行。

Tips：大到集团公司、小到个体小店，都需要记账，都需要会计。很多独立咖啡馆老板的账真的都是糊涂账，连流水账都算不上。如果不是学习了会计学，我的阿布阿布咖啡馆也不会坚持经营8年时间，恐怕早就倒闭了。财务工作是经营活动的根本，我强烈建议每一位想开咖啡馆的朋友都能多多少少了解一下会计学，记好账。

我学得第二堂认真的课是设计股权架构。如果我说我学了设计股权架构，可能有些人要笑掉大牙了："你一个自己独立投资的、投资额少得可怜的小咖啡馆，搞什么股权架构啊，难道你要和苏娘娘分家产吗？"

一开始让我学设计股权架构我也是拒绝的，但是因为老师讲得有意思，我也就一直坚持听下去了，听完之后，我只有一个目标：我要把我的咖啡事业做大，让我学到的设计股权架构有用武之地。

硬要给我讲如何设计股权架构的是阿布阿布咖啡馆国贸中心店隔壁写字间的一家通信公司的刘总。有一段时间刘总消失了，后来才知道他花了很多钱去学习了，学习的内容就是"设计股权架构"。刘总听课回来之后请我到他的办公室喝茶。他一边泡茶一边兴致勃勃地跟我讲如何设计股权架构，讲到兴起，还在写字板上写板书。一开始我只是碍于面子听一听，以喝茶为主；可是听到兴起，我便放下茶盅，认真地听刘总讲课。后来刘总又重复听了一次关于设计股权架构的课程，他说他重新听一次就有了新的收获，于是又请我喝茶，又给我讲了一次如何设计股权架构。刘总讲得酣畅淋漓，我听得津津有味。

或许我开一辈子咖啡馆也用不着设计股权架构，但设计股权架构好比树干，由它引申出的知识犹如枝繁叶茂的枝丫，有很多我日常经营管理中能用到的知识。我非常感谢刘总慷慨分享，让我获益匪浅。

Tips：股权是股东基于其股东资格而享有的从公司获得经济利益并参与公司经营管理的权利。狭义的股权指的是所有权，广义的股权包括控制权、投票权、知情权、分红权、决策权、转让权等。不同类型的企业就需要不同类型的股权分配，设计股权架构就是为了平衡企业的股权，使企业能够健康发展。这个问题不是本书的重点，在此不展开讨论。

熟悉我的朋友都知道，我喜欢喝茶胜过喜欢喝咖啡，在我开咖啡馆之前就常在家鼓捣茶道，各种茶器、茶具一应俱全，各种好茶也囤了无数。后来因为开咖啡馆的缘故认识了茶艺师张姐，我才知道我的"喝茶"离真正的"喝茶"差着十万八千里，甚至有一段时间不是张姐泡的茶我都不喝。

我教张姐煮咖啡，张姐教我泡茶。跟着张姐喝茶最涨知识，张姐各种"玩意儿"没有不知道的，而且每次去她的茶室总会发现各种新奇的东西。教我如何使用紫砂壶，如何使用盖碗，如何使用茶道六君子；还教我如何辨别茶叶，如何辨别紫砂壶；还向我讲述中国茶的发展历史……我从张姐这里学到了很多有用、有趣的知识。

阿布阿布咖啡馆常备一套茶具，不为附庸风雅，只是因为我真的懂茶。每次遇到懂茶的客人，我都会摆出我的小茶台对饮几杯，边喝茶边把将张姐传递给我的关于茶的知识再传递给客人。每当这时，客人总是惊讶：一个开咖啡馆的居然也这么懂茶！

或许是沾染了茶气，阿布阿布咖啡馆也显得有那么一丝丝禅意，就连做手冲咖啡都像泡茶一样有禅意了。

Tips：茶文化在中国是大众的，咖啡作为舶来品还是太小众。但从根本上来讲，茶与咖啡都是饮料，有相通的部分，做咖啡的人学一学茶文化还是很有必要的。我时常把茶文化中的一些东西拿来变通，用在咖啡馆的经营中。

有一段时间我疯狂地迷恋上了刻橡皮章子，不仅聚拢了一票同样喜欢刻橡皮章子的人，还组织了一个印社叫"阿布印社"，每个星期天上午固定在阿布阿布咖啡馆做活动。

开展印社活动的时候正是咖啡馆不忙的时候，大家每人占据一张台位，颇具仪式感地铺上胶皮垫，摆好所要用的各种工具，然后谁也不说话，一个个聚精会神地捏着刻刀上下翻飞，直到大家都刻完了自己的作品，才聚在一起讨论"刀功"，最后互相印了各自的作品留作纪念。

学篆刻、搞印社的那段时间，阿布阿布咖啡馆的生意也渐渐好了起来。我搞印社绝对不是要赚印社成员的钱，但是因为有印社成员来活动，总是对生意有带动作用，阿布印社的成员对阿布阿布咖啡馆的传播和推广也起着重要的作用。

开咖啡馆这么多年，像模像样地学了不少"乱七八糟"的东西，但也不是每样都能坚持学下来的。

我还很认真地练过毛笔字。说到写毛笔字，我是有"童子功"的，我上小学的时候可是跟庞中华老师学的毛笔字，毛笔都写坏了不知道多少根，墨汁更是用掉了不计其数。可惜学会之后就没再继续写，一直荒废着。阿布阿布咖啡馆绿城百合店的前任租客留下了一张书案，正好能写毛笔字，我便有了重拾写毛笔字的意愿，大张旗鼓地买了毛笔、砚台、宣纸、笔架、镇纸，每日写写画画，自得其乐。

Tips：开咖啡馆拼的是老板的综合素质，还是多学习的好，不然来了客人你撑不住场面，丢了面子事小，丢了生意事大。

我大学读的专业是新闻学，我的专业课老师常说："新闻无学，记者拼的就是知识面。"也正是大学时打下的这些"歪"知识基础，加上开咖啡馆后不知疲倦地学习，我才能够把一家独立咖啡馆经营 8 年屹立不倒。

3.4 开一家咖啡馆需要学习什么？

当我们真的要开一家咖啡馆的时候，究竟都要学习些什么呢？很多想开咖啡馆的年轻人来找我，上来就说："武老师，我要开咖啡馆，我来跟你学习了。"遇到这样的年轻人我总是很无奈，因为他们要么完全不知道要来跟我学什么，要么就只是来学做咖啡的。

《孙子兵法》告诉我们不能打无准备之仗。那么，把开咖啡馆比作打仗，我们要准备什么呢？

Tips：开咖啡馆之前必须要学习，这是毋庸置疑的。现在这个时代和我刚开咖啡馆的时代不一样了，我那时候是想学没得学，现在是你不学习就要被竞争对手甩在后面。开咖啡馆不是请客吃饭，不是做文章，不是绘画绣花，不能那样雅致，那样从容不迫、文质彬彬，那样温良恭俭让。开咖啡馆是做生意，是投入真金白银的经济行为。

学做咖啡是一定的。开咖啡馆的人不会做咖啡一定会被人笑掉大牙的，不说都得达到多么高的标准，最基本的咖啡萃取理论得懂一些吧，店里日常出品的咖啡总得会做吧，同时还要提高自己的知识水平，有同行来了特别是行业大咖总得能跟别人谈笑风生吧。

现在有一些年轻的咖啡师热衷拉花，这没有错，但拉花不是咖啡的全部，还是要搞明白自己的定位和职责，不能因为自己拉花好就觉得自己很懂咖啡。这样是不对的，拉花只是咖啡基本技能的一小部分，不能以偏概全，抱着"一招鲜吃遍天"的想法早晚会栽大跟头。

学习咖啡还是要系统地学习，从理论开始。我给新朋友做咖啡培训的时候，不少人都对学习理论知识表示不屑，身在曹营心在汉，只等着我教拉花。理论学习的确很枯燥，不要说你们听着枯燥了，我一遍一遍地重复着讲难道不枯燥吗？现在的咖啡理论都是咖啡行业的前辈们在实践中获得的认识和经验加以概括和总结所形成的，对实践有非常大的指导作用。我培训新朋友所讲的理论课，也都是我通过这么多年的实践积累以及在前人的经验中辛苦总结出来的，看到年轻人对此不屑的态度，我很痛心。有些培训的实践操作课程我会请阿布阿布咖啡馆的咖啡师来讲，但所有的理论课一定是由我亲自来讲。我之所以愿意一遍一遍不厌其烦地讲，就是因为我觉得它很重要，我认为没有理论基础是不能做好一杯咖啡的。

经营咖啡馆最常接触的工作是咖啡萃取，除了萃取，还有烘焙，现在越来越多的独立咖啡馆都把烘焙机作为设备的标配，在经营时进行自家烘焙作业，所以学习一些关于咖啡豆烘焙的知识也是很有必要的。

Tips：一杯咖啡可以折射出一家咖啡馆的所有，所以说做咖啡的技术是一家咖啡馆安身立命的基础毫不夸张。咖啡的学问涵盖面非常大，包括种植、精制、烘焙、研磨、萃取、品鉴，每一个大类又能拆分出很多小类，很多老咖啡师穷其一生也难以将所有技能全部掌握。我们开咖啡馆的年轻人只能不断地学习，不断地进步，多多掌握，才能更好地为客人奉上一杯咖啡。

除了学咖啡，学习财务方面的知识最重要。一家独立咖啡馆再小也是一个独立的经济实体，也需要科学地记账，才能让经营者更加透彻地了解咖啡馆的财务状况，从而在经营中做出相应的决策。现在既方便又科学的财务管理软件非常多，了解一些财务的基础知识，再辅以软件，从此告别糊涂账，轻轻松松管理一家独立咖啡馆。

市场营销学也是必须要学习的。一家独立咖啡馆的投资并不大，实在是没有必要再支出一笔广告宣传的费用。我有很多大学读市场营销学的朋友也说过和新闻学类似的话："市场营销无学。"诚然如此，市场上有无数种产品，无数种产品就有无数种营销方式，没有普适性的营销方法，我建议多学成功案例，举一反三。

现在几乎所有的独立咖啡馆老板都是靠自己来做营销的，况且现在网络科技这么发达，社交软件拉近了人与人的距离，如果能掌握一些市场营销的小技巧，同时借助互联网的力量就能达到事半功倍的效果。可是如果不懂市场营销的规律，仅凭借自己的一厢情愿去做宣传，我可是见过不少吃力不讨好的咖啡馆老板。

我真心认为几乎所有的咖啡馆老板都愿意呈现出自己力所能及的最好的产品，但是在目前这个信息大爆炸的环境下，酒香也怕巷子深，如果不能够很好地营销自己的产品，残酷的市场可是不相信眼泪的。

如果有精力，学一学管理学也是不错的。经营一家独立咖啡馆十有八九是要雇员工的，哪怕只有两个人，也会产生比较和竞争。如果懂一些管理学，让员工们都能够发挥主观能动性，咖啡馆必定如虎添翼。

Tips: 开咖啡馆实际就是经营管理咖啡馆，所以"经营"和"管理"是最重要的，经营的基础就是营销，管理的基础就是财务和人事。我们不是搞经营管理研究的，我们是做经营管理实践的，要活学活用，不要死记硬背。

上面所说的都是基本要学习的。下面要讲的可能都是"旁门左道"了，在实际经营管理中保不齐会用得上，毕竟开门做生意是与人打交道，形形色色的人千人千面，能在众多客人之中左右逢源的咖啡馆老板才是真正的高人。

在诸子百家时代这叫"杂家"，"于百家之道无不贯通"。我在经营阿布阿布咖啡馆时，用到了学生时代积累的知识和技能，也一边开咖啡馆一边学习了很多知识和技能。每家咖啡馆的具体情况都是不一样的，我学的东西可能你用不上，我没学的东西可能你会急需用到。在开咖啡馆前进行准备的时候，学会咖啡，学会经营管理就足够了，如果你要开的是一家主题店，掌握你所经营的主题的知识也是必需的。

现在有很多猫主题咖啡馆，这类咖啡馆的老板就需要具备足够的关于猫的知识。来这类咖啡馆的客人大多也都是懂猫、爱猫的朋友。如果老板也是懂猫、爱猫的人，店里养的也都是品种优良的猫，把猫照顾得干干净净的，这样客人来了就有话题可聊，客人会很舒服，成为回头客的概率就高，而且在社交圈里的口碑也会提升；但我也见过一些店只是收留了几只品种不纯的流浪猫或者中华田园猫，老板并不懂猫，也谈不上多爱猫，任凭猫在店里上蹿下跳，几乎从不给猫洗澡，这种店不仅不能吸引爱猫的客人，即使普通的客人也会被那几只脏兮兮且凶神恶煞的猫给吓走。

动漫主题也是很大的一类主题，很多咖啡馆也愿意用动漫做主题。如果经营这种店，老板一定要是达人、狂热爱好者这个级别的，如果有相关组织负责人（比如同好会等）的技能加持会更好，不然来的客人都比老板懂得多，老板只是叶公好龙，在社交圈里的口碑自然而然地就会降低，咖啡馆的生意也会受到影响。

同理，体育主题的咖啡馆也是这样。

Tips：如果让我一一列举经营咖啡馆还需要学什么，恐怕三天三夜也说不完。"点到为止"，总结起来说就是：开咖啡馆需要用到什么，我们就需要学习什么。还有一点很重要，那就是既然决定要学了，那就全身心地钻进去学。如果只是学个皮毛，还不如不学。

开咖啡馆不是上学读书，上学读书时有老师和家长的监督，很难偷懒；开咖啡馆纯粹是为自己而学，稍微一懒就很难再坚持下去。关于学习，真的需要一边开店一边学，最后我用孟子的一段话与大家共勉吧。

孟子曰："君子深造之以道，欲其自得之也。自得之，则居之安；居之安，则资之深；资之深，则取之左右逢其原，故君子欲其自得之也。"

第 4 章

卖过无数种产品

　　开咖啡馆应该卖什么？很多人觉得这个问题问得很无聊。开咖啡馆当然要卖咖啡啦！但是你们上街去逛一逛，咖啡馆真的都只在卖咖啡吗？我经营阿布阿布咖啡馆 8 年时间，从来没有任何一版菜单是纯咖啡的。那么一家独立咖啡馆到底应该卖什么？独立咖啡馆卖什么才赚钱呢？我做过无数种尝试之后才参透了这个问题的答案。

04

4.1　做减法——菜单越来越薄

如果我问你："咖啡馆应该卖什么？"你一定会不假思索地回答："卖咖啡。"那么我再问你："卖什么咖啡？"你会回答"卖所有的咖啡"吗？这不是个笑话，我自己最初开店的时候就想"卖所有的咖啡"，后来我也遇到过很多想"卖所有的咖啡"的咖啡馆老板。

你一定去过很多咖啡馆，你也一定熟知你常去的咖啡馆的菜单，那么你回忆一下，咖啡馆常卖的咖啡、你常喝的咖啡，意式咖啡是不是只有"美式咖啡"、"拿铁咖啡"、"卡布奇诺"和"摩卡奇诺"？单品咖啡是不是也都是常见的产地，比如埃塞俄比亚的"耶加雪啡"和"西达摩"、印度尼西亚的"曼特宁"、巴西的"喜拉朵"、哥伦比亚的"娜玲珑"、危地马拉的"安提瓜"，还有中国的"云南小粒咖啡"？至于那些花里胡哨到连名字都记不起的花式咖啡，你是不是很少喝？是不是即使喝了也没喝出个所以然来？还有价格不菲的著名庄园产的咖啡豆，你是不是也很少舍得花钱买来喝？为什么喝到最后就只剩下这么几款咖啡？这是市场做出的选择。

Tips: 咖啡种类繁多，一家咖啡馆不可能卖"所有的咖啡"，市场会选择一部分，客人也会选择一部分，把这两部分相加，就是一家独立咖啡馆应该卖的咖啡。

我说我卖过无数种产品，一点都不夸张。

阿布阿布咖啡馆的第一本菜单，是冉倩师傅设计和制定的，也是她亲手写在一本苏娘娘非常喜欢的笔记本上的，我的大学同学肖佳给这本菜单配了手绘插图。这本图文并茂的菜单我保留至今。

这本菜单最初的设计分为 8 个大类共 48 款：

"招牌饮品" 2 款；

"现磨单品咖啡" 6 款；

"香醇的花式咖啡" 7 款；

"健康的花草茶" 5 款；

"中国功夫茶" 4 款；

"温暖牌热饮" 9 款；

"德国啤酒" 4 款；

"美味小点心" 11 款。

菜单足足写了半本，客人点单的时候都觉得是在看书，密密麻麻地不知道该点什么，我站在一旁像是给学生辅导习题的老师，引导客人说出"正确答案"。

随着营业的开展，又增添了"阿布特调花式咖啡" 6 款，"阿布特制健康花草茶" 8 款，"夏日冰饮" 11 款，其他各大类别也逐渐增添了 16 款新品（也逐步删除了 6 款）。阿布阿布咖啡馆第一本菜单的产品总数最多时达到 11 类 89 款。

我乐此不疲地增加着各种产品，生怕客人不够喝、不够吃。

招牌饮品最早是两款，后来加了两款，后来又加了两款，再后来又把前四款全部删掉只保留了最后的两款。

最早的两款招牌饮品中的一款是冉倩师傅教我做的"天鹅绒咖啡"，那个配方我至今记得，有浓缩咖啡、蜂蜜、蒸汽牛奶、奶油、巧克力酱；另一款是"天使之泪"，关于"天使之泪"这个名字我也忘了是谁帮我起的了，但我记得原材料是山粉圆，一种泡了水会变大的黑色小颗粒。

之后加的两款招牌饮品，一款是"青花瓷咖啡"，另一款是叫"浓情花语"的茶。做青花瓷咖啡的初衷是因为我是周杰伦的粉丝，就想做一款白底蓝花的像青花瓷花纹一样的咖啡，反正后来就研制成功了，卖了一段时间却没有再卖，如今改名"青花玛奇朵"并且改良了制作流程，在阿布阿布咖啡馆西元广场店开张后作为招牌咖啡被发扬光大。"浓情花语"茶是一种球形的花茶，泡在水里之后会慢慢从中间"开"出一朵花。

最后两款招牌饮品是"阿布♀咖啡"和"阿布♂咖啡"，很多朋友戏称："去阿布阿布咖啡馆喝咖啡还得分男女"，这两款咖啡后来也不卖了，不过我计划在阿布阿布咖啡馆十周年店庆的时候当作"复古饮品"拿出来卖。

Tips：那时候我总觉得咖啡品种太少，就把精力放在花式咖啡的研发上，当时一位餐饮大咖说我"醉心于研究各种花式咖啡"。我的确达到了"醉心于此"的程度，那时候根本不懂产品研发的规律，各种只要是能吃能喝的东西全都往咖啡里兑，最魔怔的时候几乎每天都要在菜单上写下一个新品，并以此沾沾自喜。其他非咖啡类的饮品也是一样，各种茶都要做成奶茶，各种能喝的液体都要加了冰块做冷饮，现在想想那时候的自己，也是够疯狂的。现如今我肯定不会再这么做了。

阿布阿布咖啡馆 2009 年开业时的菜单产品统计

招牌饮品	2 款
现磨单品咖啡	6 款
香醇的花式咖啡	7 款
健康的花草茶	5 款
中国功夫茶	4 款
温暖牌热饮	9 款
德国啤酒	4 款
美味小点心	11 款
2009-12-19 共8大类	共48款

第一本菜单之后的每一本菜单都是我亲自手写的，都是以冉倩师傅留下来的那本菜单为范本，简直就是把它当作"武林秘籍"来参考。

我曾去过一家独立咖啡馆，店员捧出的一本菜单让我越看越觉得不对，一种似曾相识的感觉扑面而来，翻到封皮一看，果然是"乌龙"菜单，那家咖啡馆直接用了别家咖啡馆淘汰下来的菜单，连店名都没改。

菜单之于一家咖啡馆的重要性不言而喻。我从没有怀疑过冉倩师傅给我设置的菜单是否合理，就照这个模式一直用了五年。用到实在是感觉有些落伍了，我才开始给菜单瘦身。不知从什么时候开始，餐饮行业里流行一个词叫"做减法"，当时我也不懂什么叫"做减法"，顾名思义，我估计就是删除菜单里的产品。

其实不用行业提出"做减法"，我自己也会给菜单"减肥"的。因为备货压力实在是已经大到受不了了。厚厚一本菜单，每种产品都要用到好多种原材料，那时候两个冰箱、一个冰柜，还有吧台的各个角落都利用上，仍然装不下需要常备的原材料，"做减法"刻不容缓。那会儿阿布阿布咖啡馆还没有用收银软件，都是手工记账，我做了大量的统计工作才统计出各种饮品的出杯量。统计完之后，把出杯量少的、原材料利用率低的产品逐步删除。菜单越来越薄，从一本笔记本变成一张 A4 纸。

删除菜单里的产品的过程其实是一个痛苦的过程，因为不管哪款产品，只要写在菜单上，总有客人点，特别是一些口味独特的客人，喜欢一些独特的产品，但是我们不能因为一两个客人就增加一个原料的备货量，这样有些得不偿失，长痛不如短痛，删除产品一定要痛下决心。

有时候删除一部分，又想增加另一部分，心里总有一种"万一客人没得选怎么办"的想法，所以抱着"心怀顾客"的理念，狠心删除了一部分产品之后又会再添上几款。

Tips：科学的菜单是从开店伊始就把菜单定好，再根据营业状况做微调，该删除的删除，该增加的增加，根据季节或节气做限时限量的新品，这样既能让顾客感觉到稳定的状态，又能给顾客适当的新鲜感。

阿布阿布咖啡馆 2017 年经营八周年时的菜单产品统计

意式咖啡	8款
手冲咖啡	7款
茶饮	5款
季节限量饮品	3款
周边产品	4款
2017-12-19 共5大类	共27款

把阿布阿布咖啡馆开在西元广场之后，菜单变成了一张 A4 纸，夹在木质的夹板上，其实在国贸中心店的后期就已经这样了，但那时并没有真正意义上的"瘦身"。外国的街边小咖啡馆早已流行用夹板夹一张 A4 纸作为菜单了，但是国内的众多咖啡馆只是学到了夹板的形式，没有学到菜单的内容，我在国外生活的朋友都喜欢拍当地街边小咖啡馆的菜单给我看，它们的菜单都是只有少至几样、多至十几样产品，咖啡占绝大多数。

阿布阿布咖啡馆西元广场店开业的第一张菜单上只有 3 个大类 18 款饮品，其中 8 款是咖啡；经过一年多的运营和测试，目前的菜单上有 2 个大类 17 款饮品，其中 12 款是咖啡。相比第一张菜单，我删除了气泡水饮品这一大类；把茶饮从 7 款减少到 5 款；根据客人反馈增加了风靡澳大利亚的 flat white（我习惯翻译为"平白咖啡"）和几款风味拿铁咖啡。将近一年的时间里，菜单微调了近 10 次，正式的菜单定下来之后就不再有变动了。

2017 年的春天，我千方百计买到了两款心仪已久的风味糖浆，一款桃花糖浆、一款樱花糖浆，并以此研发了两款春季限量新品"桃花风味拿铁咖啡"和"樱花风味拿铁咖啡"。借着电视剧《三生三世十里桃花》的东风，这两款咖啡成功跻身阿布阿布咖啡馆月销量的第四名和第五名——仅次于雷打不动的美式咖啡、拿铁咖啡和卡布奇诺。从那以后，我每个月都会出两到三款限时或限量的新品，并做成大幅海报挂在吧台前最显眼的位置，于是每个月的新品的销量都会稳定在第四名到第六名。

Tips：产品不是越多越好，而是越精越好，通过我多年观察，客人最常消费的咖啡就是美式咖啡、拿铁咖啡和卡布奇诺。我们的菜单不需要花里胡哨，只需要规规矩矩的产品，以及一两款不太出格的创意产品就好。

我在阿布阿布咖啡馆是老板，我去到别人家的咖啡馆就是顾客了，我喜欢观察别人家的咖啡馆的菜单。外行看热闹，内行看门道，一家咖啡馆出品能力的高低从菜单上就能看出来。

阿布阿布咖啡馆在进步，别人家的咖啡馆也都在进步，这么多年过去了，大家的菜单也都在"瘦身"，看来这的确是趋势呀！

阿布阿布咖啡馆 2017 年各月产品销量排行

月份	第一	第二	第三	第四	第五
1月	拿铁咖啡	卡布奇诺	美式咖啡	青花玛奇朵	焦糖拿铁咖啡
2月	拿铁咖啡	美式咖啡	卡布奇诺	青花玛奇朵	焦糖拿铁咖啡
3月	美式咖啡	卡布奇诺	拿铁咖啡	樱花风味拿铁咖啡	焦糖拿铁咖啡
4月	美式咖啡	拿铁咖啡	卡布奇诺	焦糖拿铁咖啡	炭烧杏仁拿铁咖啡
5月	美式咖啡	拿铁咖啡	卡布奇诺	炭烧杏仁拿铁咖啡	焦糖拿铁咖啡
6月	美式咖啡	拿铁咖啡	卡布奇诺	焦糖拿铁咖啡	青瓜荔枝拿铁咖啡
7月	美式咖啡	拿铁咖啡	焦糖拿铁咖啡	卡布奇诺	冰摇百香果茉莉绿茶
8月	美式咖啡	拿铁咖啡	焦糖拿铁咖啡	卡布奇诺	香草拿铁咖啡
9月	美式咖啡	拿铁咖啡	卡布奇诺	焦糖拿铁咖啡	白桃乌龙茶
10月	拿铁咖啡	美式咖啡	卡布奇诺	焦糖拿铁咖啡	香草拿铁咖啡
11月	拿铁咖啡	卡布奇诺	美式咖啡	焦糖拿铁咖啡	香草拿铁咖啡
12月	拿铁咖啡	美式咖啡	卡布奇诺	太妃榛果拿铁咖啡	焦糖拿铁咖啡

4.2　蓝盒蔓越莓饼干成为拳头产品

曾经，我天真地以为咖啡馆就是卖咖啡的，作为一个爱钻牛角尖的人，我也身体力行地践行这一条。虽然阿布阿布咖啡馆也卖过茶饮料，卖过软饮料，卖过酒精饮料，卖过甜品，但都是随便卖卖，对出品也不是很上心，所有产品的重心都在咖啡上。当时有同行跟我说，不仅咖啡要做好，奶茶也要做好，甜品也要做好，哪怕就是蜂蜜柚子茶（成品蜂蜜柚子酱用热水冲开）也要做好。对此说法我颇有些不屑，但是后来一些朋友私下的抱怨被我听到："我不爱喝咖啡，小武做的奶茶又不好喝，我去阿布阿布咖啡馆都不知道该喝什么。"这时候我才认真考虑这个问题。

开店之初的阿布阿布咖啡馆出品的产品非常多，菜单是厚厚一本，不可能每种都做成拳头产品，也是需要有轻重缓急之分。按照波士顿矩阵的规律，阿布阿布咖啡馆推出的新产品和甜品类的产品是明星菜品；传统的意式咖啡和手冲咖啡是金牛菜品；其他类饮品一部分是山猫菜品，另一部分是狗菜品。

Tips：著名的波士顿矩阵把餐饮店的产品分为四类：明星菜品、金牛菜品、山猫菜品和狗菜品。明星菜品的利润高，成本却比较低，是餐厅最想让顾客买的产品；金牛菜品的成本高，利润也还不错，是餐厅最成熟的产品；山猫菜品的成本不高，利润率不错，但是点单量比较小；狗菜品的成本不低，利润不高，只是为了与明星菜品和山猫菜品形成鲜明对比，突出明星菜品和山猫菜品的性价比。

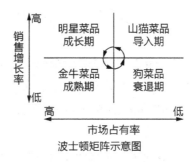

波士顿矩阵示意图

有了思路，就好对菜单进行大刀阔斧的调整。

甜品和每季要推出的新品是我最想让顾客选择的产品，所以要包装成明星菜品，应该在产品创意及摆盘上多下功夫。

传统的意式咖啡和手冲咖啡要保持住金牛菜品的地位，而且要不惜成本再提升产品的品质。

一部分客户接受程度比较高、用户口碑比较好的茶饮料和软饮料可以作为山猫菜品，但是也需要做出一些改良，再控制一下成本，提高利润率。

另一部分味道、口感都还能被客户接受的饮品就是狗菜品了，比如红豆椰奶和乌龙茶，把它们列在菜单上只是为了衬托明星菜品和山猫菜品更加划算。

酒精类饮品逐步拿掉。

经过漫长的努力，菜单从厚厚的一本变成了薄薄的一张纸。

Tips：按照波士顿矩阵的原理，产品市场占有率越高，创造利润的能力越大；另外，销售增长率越高，为了维持其增长及扩大市场占有率所需的资金而越多。这样可以使企业的产品结构实现产品互相支持、资金良性循环的局面。

既然把甜品推向了明星菜品的地位，那就要辛苦阿布阿布咖啡馆的御用甜品师苏娘娘了。苏娘娘自从在 4S 店的合作店开始烘焙甜品之后便一发不可收拾，每天除了烘焙甜品之外还笔耕不辍，坚持手写甜品配方和烘焙小贴士，据说她的"烘焙秘籍"已经写了厚厚一本活页本，而且还在不断地增加。

苏娘娘在与我"商量"之后，决定在店里日常出品"蔓越莓饼干"、"抹茶曲奇饼干"、"葡式蛋挞"和"重乳酪蛋糕切片"，不定期出品"焦糖布丁"、"提拉米苏"和"布朗尼蛋糕切片"等。这些甜品一上市就受到广泛赞誉，而且大大提升了营业额。过去客人来了只能喝饮品，现在是有吃有喝，明星菜品初见成效。

苏娘娘烘焙的多款甜品中最受欢迎的就是蔓越莓饼干。我把蔓越莓饼干比作蛋炒饭，最简单又最考验技术。苏娘娘在并不被我看好的情况下，烘焙技艺日渐精湛，以至于几乎每一桌客人都会点一盘蔓越莓饼干。

Tips: 明星菜品的确立不是商家一厢情愿来决定的，而是要符合商业规律，经过市场和消费者的检验才能成为明星菜品。

苏娘娘第一次烘焙甜品就是烤蔓越莓饼干，就像我说的那样，因为最简单，也最容易上手。当然，苏娘娘第一次烤蔓越莓饼干就取得成功或许是因为她还有那么一点点天分。那是 2011 年，在阿布阿布咖啡馆与 4S 店的合作店，一是因为不忙，二是因为也有一群小姑娘们捧场，她们每天追着苏娘娘烤东西吃，苏娘娘也权当练手。那时候私家烘焙在郑州还没兴起，少数几个能做烘焙的也只是给各个咖啡馆配货，全郑州都没有在尚未普及的微信上卖甜品的。得益于此，苏娘娘的烘焙事业起步早、发展快。

2011 年年底，阿布阿布咖啡馆与汽车 4S 店的合作结束，苏娘娘把烤箱搬回国贸中心店，更加专心研习甜品烘焙，尤其是蔓越莓饼干。相比于在 4S 店给小姑娘们烤饼干，回到国贸中心店出品之后，苏娘娘最大的改变就是给饼干"塑型"，之前和面的时候就是随便捏一捏，现在得捏得规整一些，不然卖相不好看，客人就没有欲望拍照发微博、发朋友圈。那时候也没有几家咖啡馆能自己做烘焙，在这一点上，阿布阿布咖啡馆就占了先机。其他能做烘焙的咖啡馆大多是做乳酪蛋糕，苏娘娘却独辟蹊径做蔓越莓饼干，她是这样考虑的：乳酪蛋糕是新东西，而且中国人不好接受乳酪的酸味；饼干是大众喜闻乐见的小食品，客人都能接受，而且点一份可以很多人一起吃。

蔓越莓饼干抢占了明星菜品中的头牌。

Tips：明星菜品是指处于高增长率、高市场占有率象限内的产品群，这类产品可能成为企业的现金牛产品，需要加大投资以支持其迅速发展。采用的发展战略是：积极扩大经济规模和市场机会，以长远利益为目标，提高市场占有率，加强竞争地位。

这时候又是苏娘娘站出来力挽狂澜，她提出把蔓越莓饼干装盒，这样客人在消费之后如果觉得意犹未尽，可以再买一盒回家慢慢吃，同时包装盒也要漂亮，给那些犹豫不决的客人一个坚定的理由。

苏娘娘选用了正方形的马口铁盒，有一款黑底波点的图案和一款白底波点的图案，风格比较小清新，因为蔓越莓饼干的主力消费群体是年轻女生，小清新的风格比较符合她们的审美需求。我在网上买了 100 个铁盒，黑底波点的和白底波点的各 50 个。盒子买到了，蔓越莓饼干就需要继续升级，在和面塑型的时候就要把尺寸拿捏得非常精准，要保证烤好的饼干恰好能放在铁盒里，不宽松、不紧凑。苏娘娘就是苏娘娘，她烤的蔓越莓饼干放在铁盒里严丝合缝。2012 年11 月，阿布阿布咖啡馆卖出了第一盒盒装的蔓越莓饼干。

第一批的 100 个盒子一个多月就卖完了，销量比没装盒的时候多太多了，很多客人并不像我们期望的那样买一盒回家慢慢吃，他们都是买很多盒回家慢慢吃。

第二批的 100 个铁盒又换了样子，盒盖上印着丝带和蝴蝶结，更像礼盒了，卖完这 100 盒蔓越莓饼干用了两个月。

第三批我买了 200 个铁盒，因为有男性顾客说之前的铁盒太花哨了，于是我买了纯色的：大红色、玫红色、紫色、蒂芙尼蓝色各 50 个。有选择就有伤害，这 200 盒蔓越莓饼干卖了小半年，因为有些颜色的铁盒卖得非常快，剩下大家都不喜欢的颜色就卖得慢了。一时间我感觉我不是在卖蔓越莓饼干，而是在卖铁盒。

第四批我买了玫红色的和蒂芙尼蓝色的各 100 个，这次卖完用了四个多月，回归到正常的销售速度，蒂芙尼蓝的受欢迎程度略高于玫红色。

第五批我一口气买了 350 个铁盒。跟我合作的铁盒生产厂家看我买过这么多铁盒，说可以给我优惠，但需要我一次买一箱，一箱 350 只。我要求拼色，厂家说可以，我选择拼 200 个蒂芙尼蓝色的和 150 个玫红色的，350 盒蔓越莓饼干卖了半年多，算算距离卖出第一盒蔓越莓饼干已经快一年了。

至此，我已经买了 950 个铁盒，这就意味着阿布阿布咖啡馆卖了 950 盒蔓越莓饼干。

2013 年 12 月 19 日是阿布阿布咖啡馆四周年店庆的日子，这一天卖出了第 1 000 盒蔓越莓饼干，也算是一个巧合。买到第 1 000 盒蔓越莓饼干的豆豆姑娘是蔓越莓饼干的"死忠粉"，花落她家也算功德圆满。

一年卖了 1 000 盒蔓越莓饼干，把这些盒子挨个排起来，巅峰时的博尔特从这头跑到那头需要 9.58 秒。

蔓越莓饼干坐稳明星菜品，这也是我期待的。可是为了能让蔓越莓饼干持续成为明星菜品，我还得再努努力。这时候作为技术能手的苏娘娘已经捉襟见肘了，还得靠我的创意。在选择铁盒的时候，我选择了最受欢迎的"蒂芙尼蓝色"铁盒，蔓越莓饼干也被我炒作为"蓝盒蔓越莓饼干"，而且设计了非常有创意的贴纸贴在铁盒上（之前都是只贴一个阿布阿布咖啡馆 Logo 的贴纸）。

我为蓝盒蔓越莓饼干设计的贴纸是复古风格的，"蓝盒蔓越莓饼干"七个大字非常明显，还有一行小字，用"舌尖体"介绍了蔓越莓饼干——这是一行自带 BGM（背景音乐）且有配音的小字："精细的面粉中打入鸡蛋，拌入糖粉与黄油，阿布阿布咖啡馆的苏娘娘开始了蔓越莓饼干的制作，大约一个小时后，香气扑鼻的蔓越莓饼干就出炉了。金黄的色泽点缀着红色的蔓越莓。恐怕是最普通又最美好的阿布阿布的味道。"

经过我的"二次包装"，蔓越莓饼干继续保持在明星菜品的行列。

Tips: 明星菜品不是一成不变的，任何明星菜品在经过成长期之后都会进入成熟期，也就是由明星菜品变成金牛菜品，进入金牛菜品后，销售增长率就会变低。为了维持明星菜品的地位，需要让明星菜品产生质变。

卖完第二个 1 000 盒蔓越莓饼干只用了不到半年时间。蓝盒蔓越莓饼干正式成为阿布阿布咖啡馆的拳头产品。

那年春节,蓝盒蔓越莓饼干卖得最疯狂的时候,阿布阿布咖啡馆没有店员,我和苏娘娘不到凌晨 5 点就起床冒着严寒去店里,路上喝一碗胡辣汤暖暖身子,到店里就开始做饼干,白天一边烤饼干一边接待客人,我俩一直忙到后半夜才能把订单赶完。第二天又得装盒、打包、发快递,赶在春节前让所有下单的客人都吃到苏娘娘亲手烤的、装在蓝盒里的蔓越莓饼干。

阿布阿布咖啡馆的前店员小轩子带着四盒蓝盒蔓越莓饼干去北京拜访朋友。她的朋友收到蓝色铁盒包装的饼干,看到盒盖上赫然印着"蓝盒蔓越莓饼干"后说道:"有没有这样的!还贴标签告诉我是蓝盒!嘿哟气死我了,咋不写哈药六厂生产的呢。"说归说,那位朋友在社交账号上发了一条信息:"哈药六厂生产的小饼干,一年只生产四盒,都在我这里了,要穿着紫标 Ralph Lauren(国际知名服装品牌)搭配黑方才能体会出它的美,嘻嘻。"据说他一次只吃一块蓝盒蔓越莓饼干,那四盒他吃了好久,吃得很珍惜。

嗯,这就是蓝盒蔓越莓饼干的故事,不,这是波士顿矩阵的故事。

4.3 品牌周边来一波来一波再来一波

一家赚钱的咖啡馆绝对不是靠一杯一杯卖咖啡赚钱的,即使加上甜品和餐品也不行,那么怎么才能让咖啡馆的赢利点多起来呢?我告诉你,你可千万不要告诉别人:卖品牌周边产品。

试想一位消费者进入一家只卖咖啡的咖啡馆,那么他就只能消费一杯咖啡;如果这家咖啡馆在卖咖啡的同时还配有甜品,这位消费者就可以点一杯咖啡加一份甜品;如果这家咖啡馆同时还卖餐,那么这位消费者在喝完咖啡、吃完甜品之后还能再吃一顿饭;如果这家咖啡馆有周边产品卖,那么这位消费者在临走的时候可以买一包咖啡豆、一罐茶、一盒牛轧糖、一个随行杯、一套徽章、一个帆布包……嗯,不如充个值吧。

据说在意大利街头的咖啡馆,除了卖咖啡之外,还有各种酒精饮料和面包,还有的咖啡馆卖报纸、杂志、车票、百货等，甚至有的咖啡馆还摆着投币式的游戏机。多样性的产品才能带来更多的客流，更多的客流才能带来更高的营业额。

作为顾客的我们去咖啡馆喝咖啡也好，吃甜品也好，都是理性消费，我们既然选择走进一家咖啡馆，十有八九是要喝一杯咖啡、吃一份甜品的，但是购买周边产品就是冲动消费了。因为在进店之前并没有购买周边产品的计划，往往是在结账时看到了那些店家希望我们看到的设计精美的周边产品，稍一犹豫，再加上巧舌如簧的店员的一套标准化话术，一个冲动就买了。

作为店家的我们经营咖啡馆，当然也不希望客人只是喝一杯咖啡就走人，不然怎么提升营业额呢？丰富菜单中的品类，让客人有吃有喝，再配合售卖品牌周边产品，提升营业额妥妥的。

Tips：一款成功的周边产品离不开这几点：巧妙关联品牌；吻合受众定位；优化产品体验；注重运作细节；有效推广传播。连锁咖啡店卖周边产品屡见不鲜，独立咖啡馆的客群相对较少，但只要把握好以上几点，销售周边产品也不是难事。

卖周边产品这个道理很多人都懂，可是真正做起来就不是那么得心应手了。

我也不是一开始就想到要做周边产品的。阿布阿布咖啡馆推出的第一款所谓的周边产品只能算作是"外带产品"——装在铁盒里的蔓越莓饼干，这是第一款可以买了之后带出咖啡馆大门的产品。但这毕竟不能算真正意义上的周边产品，只能算是把堂食产品"打包外带"了。不过发现"外带产品"能提升营业额之后，苏娘娘烤了两款新饼干，也装进铁盒里卖；我做了咖啡挂耳包（将研磨好的咖啡粉封装在挂耳包里，挂耳包两侧有纸板，可以把挂耳包挂在杯子的杯口以方便冲咖啡，冲完咖啡之后把挂耳包丢掉即可），也装在盒子里售卖。铁盒饼干和咖啡挂耳包的售卖使营业额提升了一些，但这都不算周边产品，我幻想着真正的周边产品卖脱销的那一刻。

阿布阿布咖啡馆第一款真正意义上的周边产品是一款随行杯。我的朋友哪吒（微博 ID：@ 哪吒）早在 2010 年 1 月 1 日起就开始做一个"365Day"的主题拍摄——《瓦力城市漫游记》——每天给电影《机器人总动员》的主角瓦力的布偶拍一张照片，记录郑州的变迁。2015 年，我和哪吒联名出了一款周边产品，于是第 1 567 天的《瓦力城市漫游记》发布的是一张扇形的照片，照片打印在工厂准备好的扇形模板上，于是就有了这款随行杯。因为推广经验不足——我和哪吒都不太想做"转发抽奖"活动——导致这款随行杯滞销。随行杯除了卖出去的十几个之外，其余的全部堆在我家的库房，至今无人问津。我只能眼睁睁地看着别人的咖啡馆卖杯子卖得风生水起。

咖啡馆卖杯子似乎成了标配，市面上各种马克杯、随行杯、保温杯等都可以做图案定制，又为咖啡馆做周边产品提供了便利。但是所有的咖啡馆都在卖杯子，同质化严重，消费者在选择的时候往往会选择熟悉的大品牌的产品，而很少会选择设计独特的独立咖啡馆的产品。

有一个关于买车的笑话是这样讲的：有个人买了一辆很贵的小众品牌跑车，回老家兜了一圈，又来买比小众品牌跑车便宜很多的宝马轿车，问其原因，那人说："老家的人不认识这款车。"花大价钱买了一件不能拿来炫耀的产品，这就是独立品牌咖啡馆卖杯子失败的原因。

Tips：商家推出品牌周边产品不仅是一种营销手段，更是可以通过一些新奇的周边产品引发受众关注，提升品牌的知名度，彰显品牌的个性。在选择做什么样的品牌周边产品时，大到国际一线品牌，小到独立品牌小店都在挖空心思做自己的品牌周边产品，但是即使国际一线品牌也有失败的时候，独立品牌小店也有成功的时候，品牌周边产品真的是让人欢喜让人忧。

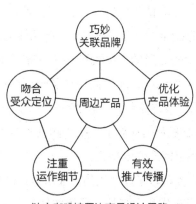

独立咖啡馆周边产品设计思路

周边产品的售卖如此艰难，但我又必须迎难而上，不然怎么才能交得起那么贵的房租、养得起那么优秀的员工呢？有了失败的教训，痛定思痛，我决定换换思路。

阿布阿布咖啡馆搬到西元广场，这是一个很文艺的 Shopping Mall，西元广场里有一个文创街区，全都是艺术家、独立设计师自己开的体验店，没多久我就和这些"家"们混熟了。

玩过橡皮章子的我与两个做木版画的艺术家琚瑜和张硕比较有共同语言——大幅的、图案完整的橡皮章子也被归为版画的范畴。我和琚瑜、张硕一拍即合，决定出一些周边产品来改善升级。身为艺术家的他们没有做生意的经验，我就给他们出一些点子，他们又结合自身的实际情况，开始研发木版画、丝网版画的周边产品。我看他们用丝网版印刷的环保布袋和白 T 恤不错，心生一计：要两位艺术家给我的咖啡馆订制丝网版印刷的环保布袋和白 T 恤。

拿到产品后我拍了标准照发在朋友圈，还没等上架，环保布袋瞬间就在我的朋友圈卖完。

同一时期我还做了一款周边产品：咖啡冷泡包。

咖啡冷泡包在 2017 年的夏天很火爆，各个咖啡烘焙商都在推出自己的咖啡冷泡包，作为资深烘焙师的我也做了咖啡冷泡包。经过反复测试，我用三种咖啡豆拼配的方案来做咖啡冷泡包，这三种咖啡豆能互相取长补短，做出来的冷泡咖啡非常好喝。

阿布阿布咖啡馆推出的第一款咖啡冷泡包卖得不温不火，后来苏娘娘买了一个网红款的印着一只火烈鸟的玻璃杯，她认为在卖咖啡冷泡包的时候送一款火烈鸟玻璃杯，让大家把咖啡冷泡包泡在火烈鸟玻璃杯里，这样一定会好卖。

为此，我换了一种价格更贵的单品咖啡豆来做咖啡冷泡包，结合品牌视觉识别系统元素重新设计了外包装，还为此设计了一幅海报，海报正中就是网红款的火烈鸟玻璃杯。产品上线，销售状况超乎我想象：火烈鸟玻璃杯太受欢迎了，后来又补了两次货才满足客人们的需求，乘着网红火烈鸟的东风，阿布阿布咖啡馆的第二款咖啡冷泡包也因此变成爆款。

这两款成功的周边产品符合了成功周边产品所具备的要点，成功绝非偶然。

巧妙关联品牌：环保布袋和白 T 恤上印刷的图案是变形的咖啡馆 Logo，与品牌形象关联；咖啡冷泡包在包装设计上也结合了品牌视觉识别系统元素，也巧妙地关联了品牌。

吻合受众定位：环保布袋和白T恤都是年轻人的刚需，咖啡冷泡包在夏天推出也是因为受众在夏天有喝冰咖啡的需求，与受众定位相吻合。

优化产品体验：我在设计环保布袋、白T恤和咖啡冷泡包海报时，集中突出了产品的体验感，提前为用户设定了使用场景，消费者在购买产品的时候对这些产品应该怎么用、在什么场合用一目了然。

注重运作细节：环保布袋和白T恤的设计，我听从了昂昂姑娘的建议，对图案尺寸做了修改；咖啡冷泡包的销售，我听从了苏娘娘的建议，在销售时搭配了网红火烈鸟图案的玻璃杯，注重了细节。

有效推广传播：独立咖啡馆的受众人数有限，所以一款周边产品的销售量不会太多，这几款周边产品的销售我只做线上，没做线下，在朋友圈做了定向的推广，效果非常好。

Tips：抓住客户"痛点"，对症下药，独立咖啡馆的周边产品也能大卖、热卖。

有了成功的经验，下一款周边产品我已经想好了。我请CAD达人王超帮我设计了两款手冲咖啡滤杯——扇形滤杯和锥形滤杯各一款，将在重要节点推出，敬请关注。

4.4 产品可以是虚拟的

咖啡馆里卖咖啡、卖茶饮料、卖酒精饮料、卖甜点、卖周边产品，说到底还是卖实实在在、看得见摸得着的产品，但要想再进一步提升营业额，还是要发散思维、与时俱进，在互联网时代下，做虚拟产品。

虚拟产品具有无实物的性质，在电子商务平台上购买后无法通过物流运输，主要包括计算机或手机软件、行情资讯、新闻、信息、电子书籍杂志、影像节目、虚拟云盘、网络游戏中的产品、在线服务等。

举个例子：过去给手机充话费需要到营业厅柜台充值或者购买充值卡，如今智能手机已经普及，我们给手机充话费不需要再到营业厅，也不需要买充值卡了，通过服务类的 APP 就能在线缴费。在线缴的手机话费就是一种虚拟产品。

再举一个例子：球迷们想看皇家马德里队与巴塞罗那队的足球比赛，可是电视台体育频道播放的是比利亚雷亚尔队和毕尔巴鄂竞技队的比赛，球迷们只能望球兴叹；但是现在看球赛直播已经不需要看电视台体育频道的"脸色"了，球迷可以通过网络视频平台付费或免费收看自己想看的任意一场足球比赛。网络转播足球比赛也是一种虚拟产品。

Tips：虚拟产品借助互联网的优势已经成为我们生活中不可或缺的一部分，对于咖啡馆这种经济实体，增加虚拟商品符合潮流趋势，也可以增加营业额，而且虚拟产品具有可复制性，且其复制的边际成本几乎为零，因此也可以给咖啡馆的营业额带来无限可能。咖啡馆开发虚拟产品势在必行。

阿布阿布咖啡馆卖的第一份虚拟产品是课程——手冲咖啡培训课程，这算是一种信息类的虚拟产品。

我一开始也从没想过开培训课程，总觉得自己从没参加过专业的培训，与别人学院派的风格大相径庭，搞咖啡培训课程不会被市场接受。可是越来越多的同行、前辈鼓励我，说我的行业积累是那些学院派所不具备的，建议我做咖啡培训课程，哪怕先从简单的爱好者培训做起。

说干就干，我整理了适合咖啡爱好者接受的手冲咖啡讲义，设计了一幅海报打印出来贴在咖啡馆，同时还在微信朋友圈和微博上发布课程信息。我的定价很低，四个课时的课程（包括一个课时的理论课和三个课时的实践课），再送一把咖啡手冲壶、一只咖啡滤杯、一包滤纸、一台手摇磨豆机、一只马克杯以及一包我烘焙的咖啡豆，课程只要 699 元，然而即使如此，还是咨询的人多，学习的人少。

购买我的手冲咖啡课程的咖啡爱好者们有几个显著的特征：都是女性；都不是学生；绝大多数有出国留学或在国外生活过的经历；都是二人同行来学习；有一些是以消磨时间为主要目的的。

这几点综合起来就有趣了，现在大家都在研究大数据，我这个数据样本不算大，但也极具参考性，我总结如下：咖啡馆的目标顾客以职业女性居多；有海外生活经历的人对咖啡的接受程度更高；顾客来咖啡馆的首要目的是社交休闲，其次才是咖啡。

卖课程卖出了心得，但是阿布阿布咖啡馆的平台太小，互联网的平台才是大平台。于是有朋友向我推荐了一家网络学习服务网站，让我注册成为咖啡培训老师。在网络平台销售课程也算是一种虚拟产品，我比较认可这种形式，于是在网站注册了账号，丰富了个人页的内容。我在网站注册之后关注了一段时间的数据，我的个人页每天都有浏览量，但是没有留言、没有预约课程，我对这种形式的虚拟产品持观望态度。后来网站的客服人员与我电话联系过几次，希望我录制一段授课的视频放在我的个人页，这样预约课程的成功率会比较高。不过我嫌麻烦就没有录制视频，后来网站也没有再联系过我，我不知道我是不是错过了一个成为"优秀教师"的机会。

Tips：通过网络学习服务网站虽然没有卖出去虚拟产品，但是我从中也收获到了经验，虚拟产品也是需要包装的，只不过这个包装也是虚拟包装。对于经营实体的独立咖啡馆来讲，虚拟产品还是个新概念，我也是处在摸索阶段。但是阿布阿布咖啡馆已经通过销售虚拟产品获利。我相信在不久的将来，独立咖啡馆会有越来越多的虚拟产品等着消费者去享用。

越来越多想开咖啡馆的年轻人慕名来找我，想让我给他们一些指导意见，我不仅不收费，看有些人不舍得买一杯咖啡我还送他们咖啡喝，他们问什么我答什么，知无不言，言无不尽。现在想想，我亏了呀，咖啡也有成本，知识也是财富啊。

以后再有人找我咨询开咖啡馆，我可是要收费了。因为咨询的信息也是虚拟产品啊！

4.5 开一家咖啡馆应该怎样设计菜单？

如果说装修是一家咖啡馆呈献给客人的第一印象，那么一份菜单就是咖啡馆呈现给客人的核心内容。一家即将开业的咖啡馆应该如何定菜单呢？里面还是有很多讲究的。

　　我见过很多咖啡馆的老板喜欢去别的咖啡馆"偷师"，看看人家的菜单上都有什么，他就卖什么；人家的菜单怎么定价，他就怎么定价。这种方式是非常不可取的，每家店有每家店的不同：运营成本的不同、客群定位的不同、产品结构的不同……如果一家店照搬另一家店的菜单，必定是要失败的。每遇到来我的咖啡馆"偷拍"菜单的人，如果是要开店的，我都会大大方方拿出来让他们拍，然后再跟他们讲讲我的菜单是怎么设计的。

　　Tips：设计菜单其实很简单，一份菜单的核心内容无外乎两个部分，一部分是菜品的名称；另一部分是菜品的价格。菜品品类定下来，再根据各项成本来核算定价，如果需要产品照就拍产品照，如果不需要产品照片就单纯使用文字，把所有内容交给设计师排版，一份崭新的菜单就诞生了。

意式咖啡
- espresso
- 美式咖啡
- 拿铁咖啡
- 卡布奇诺
- 摩卡奇诺
- flat white
- 风味意式咖啡

冲煮咖啡
- 冲煮咖啡一般是黑咖啡，使用手冲壶、爱乐压、虹吸壶等萃取，在命名时一般以咖啡豆出产国、产区、庄园、处理方式、咖啡豆品种命名。
- 如巴西·喜拉朵·巴乌庄园·日晒·黄波旁

时尚茶饮
- 原叶茶：西湖龙井、云南普洱……
- 花草茶：玫瑰洋甘菊茶、紫罗兰薰衣草茶……
- 奶茶：红豆布丁奶茶、提拉米苏奶茶……
- 奶盖茶：芝士奶盖乌龙茶、芝士奶盖茉莉绿茶……
- 水果茶：柳橙青柠乌龙茶、冰摇水蜜桃红茶……

创意饮品
- 冰沙：芒果凤梨冰沙、咖啡巧克力冰沙……
- 调制气泡水：无酒精莫吉托、蓝橙可尔必思气泡水……
- 鲜榨果蔬汁：芒果柳橙萝卜汁、苹果凤梨青瓜汁……

牛奶饮品
- 奶昔：焦糖香蕉奶昔、抹茶红豆奶昔……
- 希腊酸奶：蓝莓希腊酸奶、坚果希腊酸奶……
- 热巧克力：棉花糖热巧克力、红酒热巧克力……
- 无咖啡因拿铁：红丝绒拿铁、蓝精灵拿铁……

独立咖啡馆常见产品及分类

　　一家咖啡馆最应该卖的一定是咖啡。在菜单上咖啡一般分为两类，一类是"意式咖啡"，另一类是"冲煮咖啡"或者叫"单品咖啡"。还有一些"花式咖啡"

或者叫"创意咖啡"，也可以单独归为一类。

冲煮咖啡一般是指用手冲壶、爱乐压、虹吸壶等器具来萃取的咖啡，我不推荐用"单品咖啡"来区别"意式咖啡"，因为意式咖啡也可以用单品咖啡豆来做，冲煮咖啡也可以用拼配咖啡豆来做，但如果确实萃取的是单一产区的咖啡，叫"单品咖啡"也无妨。

意式咖啡无需赘言，就是用意式咖啡机萃取 espresso 做基底的咖啡，常见的美式咖啡、卡布奇诺、拿铁咖啡、摩卡、玛奇朵以及风味拿铁、风味摩卡、风味玛奇朵都是意式咖啡。

冲煮咖啡不是必选项，如果技术不过硬，我不建议写在菜单上。根据我的实践经验，一般选择冲煮咖啡的客人大多对咖啡有一定的了解，如果此刻呈上一杯不尽人意的冲煮咖啡，还不如规规矩矩做一杯美式咖啡。现在大多咖啡馆做冲煮都是用手冲壶做手冲咖啡；也有的咖啡馆会主打虹吸壶煮咖啡，一般用虹吸壶煮的也是单品咖啡；还有的咖啡馆会用冰滴壶或者冷泡桶来萃取冰咖啡；有特点的萃取方式也是体现店铺个性化的一种手段。制作冲煮咖啡不是非得使用单一产区的咖啡豆，也可以使用拼配的咖啡豆。阿布阿布咖啡馆曾经尝试过售卖拼配咖啡豆制作的冲煮咖啡，结果很多客人都不接受这种方式，我归结为思想的固化。

花式咖啡绝大多数是用 espresso 做基底的，但是也有用手冲咖啡做基底的创意咖啡，甚至还有用冷萃取的咖啡为基底做花式咖啡的，花式咖啡处处体现着创意。至于在菜单上如何体现花式咖啡，我的建议是宁缺毋滥、少而精，花式咖啡不是客人首选的项目，花里胡哨的名字加上花里胡哨的做法，会被很多不常喝咖啡的客人拒绝。

Tips: 咖啡馆的核心当然还应该是咖啡，咖啡在菜单中也应该占据着主要位置。在设计菜单时我建议以经典意式咖啡为主，增加一两款独特调味的风味咖啡作为咖啡馆的招牌饮品。经过调味的风味咖啡风味更独特，甜味更突出，一般不常喝咖啡的客人普遍还是能够接受的，况且风味咖啡的售价也更高，作为招牌饮品会有更多的客人点单，能增加营业额。

一家咖啡馆不能不卖咖啡，但也不能只卖咖啡。那么菜单上还应该有什么呢？首先饮品是必需的。咖啡店给客人传递的概念就是饮品店，那么就要照顾到想喝东西但又不想喝咖啡的客人。

除了咖啡之外，茶与可可也都是含咖啡因的，在菜单上要有所选择，不能除了咖啡就是茶。还有牛奶也应该注意，很多人都有"乳糖不耐受症"，在饮用牛奶后会出现轻微腹泻。还有花生制品，虽然很少有人对花生过敏，但是在原材料选择上也要考虑到。综上所述，想要尽可能多地照顾到客人的选择面，菜单上除了咖啡，还需要有茶饮、牛奶饮品、鲜榨果蔬汁、冰沙、奶昔、气泡水饮品等。

中国人饮茶的习惯比饮咖啡的习惯早了不知道几千年，茶饮也算是一个比咖啡还庞大的类别。因为我们经营的毕竟是咖啡店，不能喧宾夺主，所以在茶饮的选择上也要有所取舍。茶饮粗略分为"原叶茶""奶茶""水果茶""奶盖茶"几类。在设计菜单时不要刻意追求分类，毕竟备货压力还是比较大的，具体选择某款产品做出品时可以依据分析的目标客群来定位。比如目标客群集中在商务人士，那么原叶茶是不错的选择；如果目标客群以女性为主，"水果茶"和"奶盖茶"是最佳选择；如果目标客群是学生，"奶茶"还是比较经典的。

牛奶饮品一般指"热牛奶""热巧克力""拿铁系饮品"等含有牛奶的饮品，这类饮品偏传统，有庞大的受众人群，但又显得老套。如果有想法，可以在此基础上做创新，比如在热巧克力上铺满棉花糖的"棉花糖热巧克力"，或者用豆奶替换牛奶的"豆奶抹茶拿铁"，都是不错的创意。现如今拿铁系饮品也越来越多地体现了创意，由在澳大利亚风靡一时的"蓝精灵拿铁"可见一斑，这是一种由蓝藻粉为基底的牛奶饮品，保证健康的同时又有颜值，不火爆才没道理。

鲜榨果蔬汁类的产品也要有新意，最近流行的风格是混搭，健康如"苹果+菠萝+黄瓜"，传统如"芒果+橙子+胡萝卜"，豪气如"百香果+番石榴+小金瓜"，没有不敢拼，只有想不到。在榨汁的器具上也要混搭，有传统的榨汁机，也有汁渣分离的原汁机，还有最近很流行的破壁机，对于不同质地的果蔬可以采用不同的器具榨汁后再混合，会带来意想不到的、全新的口感体验。

冰沙、奶昔等饮品也都是非常传统的饮品，但是依然有很大的空间可以发挥，比如2016年在北美很流行的"独角兽"冰沙可以这样做：在淋了蓝色巧克力酱的杯子里倒入蓝莓冰沙后再在上面浇上像独角兽角一样的白色奶油。传统一样可以玩出新花样，就看你敢不敢想了。

气泡水饮品随着苏打水机的兴起而变得开始流行。苏打水机简直是一个逆天的存在，不用插电，只需轻轻扳动气阀，就能做一大瓶气泡水。在气泡水里加入各种鲜果、花茶、果酱、糖浆、酸奶、布丁等，一杯杯变幻无穷的气泡水饮料就做好了，方便快捷不说，颜值绝对是一等一的，目前在饮品市场上占据着主流。

Tips: 以上介绍的所有饮品不可能同时出现在同一家咖啡馆的菜单上，因为目前的咖啡馆行业已经不流行厚厚一本、满满一页的菜单了，那种动辄上百种产品的饮品店在未来一定会被市场淘汰的。现在的主流菜单都是少而精，不妨多看看欧美的精品咖啡馆，看看人家都在卖什么，大多数这类咖啡馆的菜单上通常只有不到 20 款饮品。

说完喝的说吃的。咖啡馆的菜单上究竟应该有什么吃的呢？咖啡馆不是餐厅，也不是甜品店，所以不论简餐、小食、甜品、面包等，都不应该喧宾夺主，而应该处于配合饮品销售的地位。

简餐、小食的操作流程比较复杂，对后厨的要求比较高，一般咖啡馆不具备出餐的条件，如果在吧台上硬加一台电磁炉做饭，会导致手忙脚乱以及出餐速度非常慢，不幸的是很多咖啡馆都是这么做的。如果没有合理规划的后厨，我不建议咖啡馆出品简餐和小食。如果有后厨，我的建议是出品品类少一些，经常做更新，给客人提供美味的同时也能提供新鲜感。

甜品、面包的操作会相比简餐、小食更简单一些，不一定非得做独立的烘焙间，只需要在设计吧台时规划好烘焙的区域即可，设备也比较简单，烤箱是必备的，除此之外都是体型较小的工具，便于操作。对于出品甜品、面包，我的建议同样是出品少而精，常换常新。

Tips: 经营餐点的目的当然是提升营业额，但这是一把双刃剑，能提升营业额，也能把店拖垮。在设计菜单的时候，餐点的品类切记一定不要贪多，出品尽量不要复杂，不要依赖某一位厨师，不然备货压力、复杂的操作流程、出餐速度太慢等，稍有不慎，都有可能是压倒骆驼的最后一根稻草。有些咖啡馆的菜单上还有一类产品，就是预包装食品，比如啤酒、洋酒、酸奶、瓶装果汁、瓶装水……

这类产品的优点是保质期长，可以长期存放；缺点是点单量少，容易积压库存，毛利低（至少没有外行想象中的那么高）。在设计菜单时如果需要考虑预包装食品，那就根据资金状况和仓储能力来决定。

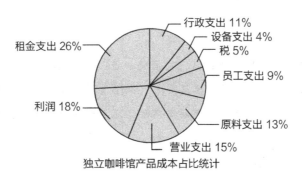

独立咖啡馆产品成本占比统计

菜品的品类定下来之后，就要考虑定价的事情了。定价是一项复杂而且科学严谨的工作，不是脑袋一热，感觉这个可以卖贵、那个应该卖便宜就决定了的；也不是看到别家店把这个卖贵、把那个卖便宜就可以照做的。这个"价"是依据成本而定的，成本是怎么来的？成本是算出来的。

我用一杯拿铁咖啡来举例，这杯拿铁咖啡应该怎么定价？接下来需要看仔细了。

制作我举例的这杯拿铁咖啡要用到 18 克咖啡豆研磨成粉之后萃取两份espresso 做基底，然后蒸煮 300 毫升牛奶做融合。那么这杯拿铁咖啡的直接成本就是 18 克咖啡豆以及 300 毫升牛奶的采购价。制作这杯拿铁咖啡用到的咖啡豆采购价是 120 元一千克，牛奶采购价是 12 元一升，那么这杯拿铁咖啡的直接成本就是 5.76 元。

这杯拿铁咖啡除了直接成本，还有运营成本。运营成本包括但不限于：房租、物业费、水电费、员工工资、各项税费、营销推广费用、低值易耗品、固定资产摊销、设备折旧……把这些费用均摊到一天，可以得出一个相对精确的数字，这个数字就是一家咖啡馆一天的运营成本，餐饮店老板戏称的"早上一开门就欠人家这么多钱"就是说的运营成本。在开店初期可以预估一个日出杯量，用日运营成本除以预估日出杯量，得出的数字就是一杯拿铁咖啡的运营成本。我想当然地随口说一个数据吧，这家咖啡馆的日运营成本是 700 元，预估日出杯量是 40 杯，那么这杯拿铁咖啡的运营成本是 17.50 元。

以上的算法是初级算法，日出杯量应该分析得更细致一些，咖啡预计出多少杯，其他饮品预计出多少杯，餐计划出多少份，甜品计划出多少份（很多预包装食品一般都有建议零售价，这里不再讨论）。得到预估数据后，根据各种菜品品类的不同来分摊日运营成本，按照波士顿矩阵给出的菜品分类，明星菜品和狗菜品可以多分摊一些，金牛菜品和山猫菜品可以少分摊一些。还有，预估的出杯量，也要在运营一段时间之后做调整，有营业数据之后就不能再"预估"了，而要根据实际销售情况进行调整。

我们计算出这杯拿铁咖啡的成本是 23.26 元。定价高于 23.26 元的部分，就是利润。计算出运营成本之后，这杯拿铁咖啡到底应该卖多少钱呢？根据我的观察和总结，一般咖啡店饮品的毛利（毛利是零售价减去直接成本的差额与零售价的比）能达到 80% 左右，我们用 5.76 元除以 20%，得到 28.80 元，高于 23.26 元，那么这个 28.80 元的价格就是合理的。再考虑让利打折做活动的空间，这杯拿铁咖啡卖 30 元到 35 元之间是比较合理的。

Tips：定价绝对不能"抄袭"，也不能一拍脑袋就决定，必须要经过严格的科学计算。

独立咖啡馆产品零售价计算公式

产品定价＝原料成本＋运营成本÷出杯量＋利润
如：
咖啡豆采购价＝120.00元/千克
牛奶采购价＝12.00元/升
拿铁咖啡原料＝咖啡豆18克＋牛奶300毫升＝2.16元＋3.60元＝5.76元
运营成本＝租金＋水电费＋行政税费＋人员工资＋设备损耗＋营销等≈700.00/天
预计出杯量≈40杯/天
毛利率(以80%计)＝(零售价-原料成本)÷零售价≈6.74元
拿铁咖啡定价＝5.76元＋700.00元÷40杯＋6.74元＝30.00元

这里一定有朋友会说："几乎全天下的咖啡馆拿铁咖啡都在 30～35 元这个区间，我为什么不能直接去参考别人咖啡馆的定价？"你猜我一定无言以对，不，我想说：阿布阿布咖啡馆搬到西元广场之后，拿铁咖啡卖 15 元一杯，后来我根据出杯量做了一次调整，现在卖 12 元一杯。

那么问题来了：你愿意参考阿布阿布咖啡馆的定价吗？

第 5 章

工欲善其事必先利其器

　　咖啡馆的装修工作结束了，菜单也定好了，接下来就是采购设备了。很多来咖啡馆的朋友都把"定菜单"和"采购设备"搞反了，一定要先定菜单再进设备，用菜单来指导设备采购。开咖啡馆是做生意，不是过家家，所以设备一定要用商用设备，不能用家用设备，这也是很多开咖啡馆的朋友容易忽略的问题。

05

5.1　咖啡机是塑造灵魂的大杀器

咖啡馆是卖咖啡的，我的好友周墨在她的文章里说过："一定不止我一个人认为，咖啡才是咖啡馆的永恒灵魂。"卖咖啡就需要咖啡机，咖啡机就是为咖啡馆塑造灵魂的大杀器。

很多咖啡馆老板都把经营咖啡馆的重心放在环境、服务及其他小细节上面，这没有错，但是因此而忽略咖啡本身就是大错特错了。很多想开咖啡馆的人都在购买咖啡机这个环节上压缩预算，我不评价这件事是对是错，我只是想陈述一下：我所熟知的咖啡馆，在开店时压缩咖啡机的费用的，最后都是以赔钱转让而结束的，无一例外。

Tips：“一分价钱一分货”这个道理人人都懂，但是套用在咖啡机上，很多咖啡馆老板就犯迷糊了，他们认为“咖啡机嘛，还不都一样，能用就行”。诸位思考一下，你作为消费者，这样的咖啡馆出品的咖啡你愿意喝吗？

我在开咖啡馆之前对咖啡没有任何概念，只知道做咖啡得用咖啡机，但是咖啡机到底是个什么东西，什么工作原理，长什么样，我一点概念都没有。筹备阶段在网上遇到了我的第一个贵人——会长。会长问我："你想用全自动咖啡机还是半自动咖啡机？"

这个问题问住我了，咖啡机怎么和洗衣机一样还分全自动和半自动？什么是全自动，什么是半自动？会长真是好脾气，耐心地告诉我：全自动咖啡机就是把咖啡豆和水放进去，按一下按键，就萃取一杯咖啡；半自动咖啡机是需要再配一台磨豆机，需要用磨豆机研磨咖啡粉，放进咖啡机的手柄里，再按键、萃取咖啡。

我接着问会长："全自动咖啡机做出来的咖啡好喝还是半自动咖啡机做出来的咖啡好喝？"会长说全自动咖啡机出品稳定，不管谁操作，出品的咖啡都是一个味；半自动咖啡机对咖啡师的要求比较高，不同人做的咖啡不会一个味道。

如此看来，根据我的实际情况，还是全自动咖啡机适合我啊！我开咖啡馆的目的是全球连锁啊，全自动咖啡机非常符合我的定位和发展方向啊。可是全自动咖啡机会不会很贵啊？

算了，我干脆直接问会长价格的问题吧。会长的报价让我惊讶："像你要开的咖啡馆，用进口全自动咖啡机，价格在 5 000 元左右；如果要用半自动咖啡机，单头的话再配上磨豆机，要 10 000 元左右，如果用双头的，要超过 20 000 元。"一台咖啡机便宜又好用、出品又稳定；另一台咖啡机贵又不好用、出品又不稳定，让我选哪一台？当然是便宜又好用的了。

我当即拍板买全自动咖啡机，最终以 4 600 元的价格成交。这就是阿布阿布咖啡馆的第一台咖啡机，一台意大利进口的家用全自动咖啡机，通体银灰色，塑料机身，一键出咖啡，做咖啡时会有很大的嗡嗡声。

那时候有个外国客人，常来阿布阿布咖啡馆喝咖啡，每次都是一杯espresso，他在留言簿上写下一句话："Abu-Abu's espresso is the best espresso in Zhengzhou，as far as I know.（据我所知，阿布阿布咖啡馆的浓缩咖啡是郑州最好喝的浓缩咖啡。）"我把这位外国客人授予的殊荣全部给予我的咖啡机。

这台全自动咖啡机是阿布阿布咖啡馆开店之初最贵的物件，我极其爱惜，每天擦拭，毕竟它那么贵。而它也很争气，一台家用咖啡机做商业出品，从2009 年超期服役到 2013 年，足足用了三年半，做了不知道多少杯咖啡，服务了不知道多少位客人。

这台全自动咖啡机被我保养得非常好，用了三年半之后，会长回收了这台机器，换了一把冰滴咖啡壶给我。后来会长把它拆了，拆卸下来的零件还能配在坏了的同款咖啡机里继续发挥余热。

2011 年，阿布阿布咖啡馆与一家汽车 4S 店合作开咖啡馆，在购买咖啡机的时候我仍然选择了这款意大利进口的家用全自动咖啡机，还是通体银灰色、塑料机身、一键出咖啡，当然，做咖啡时依然会有很大的嗡嗡声。在 4S 店时咖啡出杯量比较小，所以这台咖啡机大多数情况下是处于待机状态。因为所有设备都是 4S 店采购的，所以合作结束闭店之后，这台看起来还很新的全自动咖啡机就留在了 4S 店，不知道它后来有没有继续发挥余热。

Tips：全自动咖啡机必然有它存在的道理。那些年的咖啡馆几乎都使用家用全自动咖啡机，这是一个时期的特征。后来随着咖啡行业的发展，商用全自动咖啡机已经做到了极致，很多国际大品牌连锁咖啡店都在使用价格不菲的商用全自动咖啡机。

我对咖啡的认识是逐步加深的，是一点一滴积累。随着对咖啡认识的加深，我才知道半自动咖啡机比全自动咖啡机好太多了，而且咖啡师操作半自动咖啡机的时候很有范儿，这才是在做咖啡；用全自动咖啡机做咖啡的简直不能算咖啡师，只能算咖啡机操作员。

2012 年秋天，阿布阿布咖啡馆开了新店，在绿城百合社区，是一家社区型咖啡馆。在筹备时我和苏娘娘一致决定使用半自动咖啡机。半自动咖啡机的确比全自动咖啡机麻烦，但它可以使咖啡变化无穷，每一杯咖啡都能按照咖啡师的想法去做出改变。咖啡师通过调节磨豆机研磨咖啡粉的粗细度、在手柄里布咖啡粉的均匀度、用压粉器压咖啡粉的力度等可改变一杯咖啡的味道和口感，同时还需要观察咖啡机萃取咖啡液的流速、流量，这些都是可以改变一杯咖啡味道和口感的要素。这些东西听起来就很有可操作性，于是我在一家郑州本地的贸易公司订购了一台半自动咖啡机。

半自动咖啡机操作流程比全自动咖啡机复杂很多，但是接触半自动咖啡机之后我才算进入了咖啡的殿堂。我买的是一台意大利知名品牌的单头半自动咖啡机，所谓单头就是只有一个冲煮头可以萃取咖啡，同理，双头就是有两个冲煮头可以萃取咖啡，常见的最多也就三头了，我在网上见过有九头的，超级霸气的定制款。对于当时的我来讲，一个冲煮头足够用了。

半自动咖啡机就像一条小船，载着我徜徉在咖啡的海洋里，可惜我还没划到彼岸，这条小船却沉了。咖啡机开始一而再、再而三地出问题，而这家贸易公司客服人员的修养和维修人员的技能都让我感觉到头疼，咖啡机多次返厂维修之后，我无奈放弃了这台对我而言颇有感情的半自动咖啡机。

Tips：半自动咖啡机是目前商业出品的主流，世界上优秀的咖啡师都在用半自动咖啡机。全世界最顶尖的半自动咖啡机几乎都是意大利制造的，但是因为咖啡机性能千差万别，国内代理商的服务和售后能力良莠不齐，所以在购买时不仅要看品牌和性能，还要看代理商的服务和售后能力。

2015年，阿布阿布咖啡馆重新装修，我把用了三年的单头半自动咖啡机送给会长用于研究，会长卖给我一台外形霸气、意大利原产的多锅炉双头半自动咖啡机，这款咖啡机是2018年世界咖啡师大赛（WBC，world barista championship）中国区选拔赛（CBC，china barista championship）的指定比赛用机。

这台咖啡机的工作原理其实很简单，分为水路和电路。经过净化和软化的水进入咖啡机，经过水泵加压后分两路进入热交换锅炉。热交换锅炉又叫子母锅炉，使用热交换原理，大锅炉套小锅炉，大锅炉里面一半是热水一半是水蒸气，水蒸气通过蒸汽棒可以蒸煮牛奶，热水可以直接使用；热交换器里的水流向冲煮头来萃取咖啡。如果是多锅炉咖啡机，热交换器的水再流向萃取锅炉，萃取锅炉内有PDI控制系统可以精确控制水温，最后流向冲煮头萃取咖啡。有几个冲煮头的多锅炉咖啡机就会有几个子锅炉加几个萃取锅炉。半自动咖啡机的电路分为加热系统与控制系统。加热系统是强电，为水泵和锅炉提供电能；控制系统是弱电，负责操控咖啡机的电脑板、电磁阀、压力开关等。

Tips：我常常用汽车来比喻咖啡机，它们蕴含着相同的哲理。司机说："车不仅得会开，还得会修。"咖啡机也一样，你不仅得会做咖啡，还得懂它的工作原理。很多咖啡师都不屑于了解这些，而我都希望每一位咖啡师都能够懂得咖啡机是怎么工作的，这样才能更好地驾驭咖啡机，为客人做出满意的咖啡。

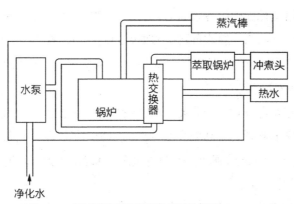

意式半自动咖啡机水路工作流程

这台品牌为"潘多拉"的半自动咖啡机我至今仍然在使用，几乎每一个用它萃取过咖啡的咖啡师都说这台机器非常好用，用它出品的咖啡客人也都说很好喝。它就如同一只巨大的"潘多拉许愿盒"，承载着我关于咖啡的一切希望。

5.2 开咖啡馆千万不能选择家用设备

开咖啡馆是开门迎客做生意，不是在自己家做两杯咖啡招待朋友。京剧《沙家浜》选段《智斗》中开茶馆的阿庆嫂有这么一段唱词："垒起七星灶，铜壶煮三江。摆开八仙桌，招待十六方。"很多朋友可能都不知道七星灶是什么。七星灶是以前烧开水的一种炉子，一个炉膛上面有七个炉口，炉口排列就像北斗七星的勺子型，一次可以烧七壶水。七星灶烧水方便，不浪费火，可以预热待烧的水，排成勺子型是为了拿水壶时比较顺手。阿庆嫂开茶馆要"垒起七星灶"，就是为了一次可以烧七壶水，足以"招待十六方"；如果阿庆嫂只是在家请胡司令和刁参谋喝茶，大可不必大费周章，用自家土灶烧一壶水，泡一壶茶，足矣。假如阿庆嫂开茶馆只是用一个炉口的自家土灶，恐怕铜壶煮不了三江水，八仙桌也摆不开，十六方也招待不成了。

Tips：用今天的话说，七星灶就是商用设备，自家土灶就是家用设备。开店经营是商业行为，就要用商用设备，千万不能用家用设备。这一点必须牢记，切不可有侥幸心理，因为商用设备的耐用程度要比家用设备好太多了。

如今咖啡馆里标配的制冷设备有四种：冷藏柜、冷冻柜、制冰机和蛋糕展示柜。这四样设备在如今的阿布阿布咖啡馆的吧台里一样不少，然而 2009 年的阿布阿布咖啡馆只有一台二手的立式展示柜——就是超市、便利店卖瓶装饮料的那种展示柜，只有冷藏效果。

当年可没有人告诉我"开店要用商用设备"，也没人给我推荐这些设备。我本着勤俭持家的原则，跑到城乡结合部的旧货市场买了一台最便宜的二手立式展示柜，请了一个三轮车师傅（不舍得租汽车）蹬着人力三轮把这个"高家伙"送到了阿布阿布咖啡馆。

开业伊始出杯量小，虽然用到的原材料种类很多，但是备货量都不大，而且当时是冬天，没什么冷饮可卖，一个立式展示柜就足够了。经营了半年之后，生意越来越好，出杯量大了，需要用到的原材料又多了，备货量也大了，还要卖冷饮，就急需冷冻设备了。

我能想到的冷冻设备就两种，一种是电冰箱，另一种是冰柜。我权衡再三，去旧货市场买了一台最便宜的二手家用冰柜。我考虑的是电冰箱的冷冻室太小，而且电冰箱的冷藏室和咖啡馆现有的立式展示柜重复，买冰柜比较划算。

2010 年的夏天，南非世界杯足球赛很火爆，全程转播了比赛的阿布阿布咖啡馆也很火爆，来看球的球迷很多，一台二手的立式展示柜加一台二手的家用冰柜全负荷运转，居然没有掉链子。啤酒把立式展示柜塞得满满当当，我还买了两个大号冰格冻冰块，一刻不停地冻，冻好一格就把冰块倒出来再接着冻，后来两个冰格渐渐不够用了，又买了两个，不够用了就再买，最后直到用十个冰格才勉强保证了日常出品所用的冰块。

踉踉跄跄地撑过了一个夏天，胜利的喜悦让我冲昏了头脑，我根本没有考虑到设备的不趁手给工作带来的巨大麻烦，反而觉得时刻都操心着冻冰块让我有成就感。

2012 年，阿布阿布咖啡馆开到绿城百合社区，我和苏娘娘经过反复对比，在家电商城买了一台新的家用电冰箱，而且是最大容量的家用电冰箱。然而这台最大容量的家用电冰箱也是紧紧巴巴用到闭店，我把它搬回国贸中心店继续使用。于是国贸中心店就有了一台家用电冰箱、一台家用冰柜和一台立式展示柜，这个组合跟目前西元广场店使用的商用冷藏柜、商用冷冻柜、商用制冰机加蛋糕展示柜的组合比起来，简直就是天壤之别。

然而就是这套家用设备，我用了一年又一年，中间也坏过不少次，都是"敲敲打打"接着用，直到 2014 年的夏天来临之前。

2014 年的夏天，又是一个有世界杯足球赛的夏天，但是阿布阿布咖啡馆的生意已经突飞猛进，出品的标准化也已经形成，不能再像 2010 年的时候随便糊弄糊弄就过去了。我下狠心找会长买了一台商用制冰机。摆脱了用冰格冻冰块的苦日子，店员们感觉天都亮了。商用制冰机就是好，从来不会掉链子，冰块随时用随时有。

节俭了一辈子的母亲常常教育我要把钱花在刀刃上，开咖啡馆这么多年，我感觉第一次把钱花在了刀刃上。

Tips：家用设备与商用设备的差别无需赘言，可就是有朋友在开咖啡馆时选择家用设备，又往往在设备出问题时悔不当初。商用设备比家用设备好在皮实耐用，缺点是外观的设计感不强。吧台设备就是放在吧台里用的，是负责"赚钱养家"的，不是负责"貌美如花"的。

体验到了商用设备的好处，2015 年重新装修阿布阿布咖啡馆时，除了那台刚买了一年的商用制冰机，其他东西统统被撤掉。立式展示柜和家用电冰箱当作二手（其实已经不知道是第几手了）设备卖给了回收旧家电的，家用冰柜搬回家继续发挥余热，还有其他的诸如家用电热水壶、家用电磁炉、家用微波炉、家用烤箱……统统处理掉，能拿回家用的拿回家用，能送人的送人，不收拾不知道，我居然买过这么多家用设备用在商业出品中。

重新装修好的阿布阿布咖啡馆，吧台里的所有设备统统都是商业级别的，再没有家用设备。干净敞亮的大新吧台配上全新的商业设备特别是新买的双头半自动咖啡机，出品特别顺手。苏娘娘也不需要再用那台家用小烤箱一次一小烤盘地烤蔓越莓饼干了。崭新的商用大烤箱，一次可以同时烤四大盘，不仅如此，商用大烤箱烘焙的稳定程度比家用小烤箱稳定太多，苏娘娘再也不用担心订单太多烤不完了。

蓝盒蔓越莓饼干成为阿布阿布咖啡馆最受欢迎的产品，离不开苏娘娘的辛勤劳作。苏娘娘一直用着的家用烤箱烤一炉饼干可以装一盒半，那时候客人们大多习惯一次买 6 盒饼干，这样苏娘娘就得烤四炉。逢年过节买饼干的人多，苏娘娘一高兴再做做优惠活动，我俩带着店员总是起早贪黑地烤饼干。后来换了商用烤箱，同样烤一炉的时间，烤出来的饼干可以装 9 盒，工作量大大降低，工作效率大大提高，而且烤好的饼干比小烤箱烤的看起来色泽均匀，吃起来口感也好很多。蓝盒蔓越莓饼干的品质也因此上了一个新台阶。除了烤饼干，有了商用烤箱，一些苏娘娘之前用家用烤箱很难烤成功的甜品比如马卡龙现在也能轻松烤出来了。

☕ Tips：商用设备的出品能力绝不是家用设备所能企及的，虽然价格贵一些，但是耐用程度却高了很多，把后期维护、更新的费用算进去，还是商用设备划算。

2016 年，阿布阿布咖啡馆西元广场店筹备期间，我带着一整套商用设备到摇滚音乐节去摆摊卖咖啡，也正是依靠这套高规格的商用设备，我在摇滚音乐节现场完成了看似不可能完成的出杯量。简直不敢想象如果当时图省事，带去一些简单的家用设备去，我的帐篷里一定会很"热闹"。

阿布阿布咖啡馆的潘多拉双头半自动咖啡机可以连续不间断出品 200 杯 espresso，而且是统一萃取标准；如果换作一台家用半自动咖啡机，连续出品到第 5 杯 espresso 的时候，就需要"技能冷却"了。

5.3　定下菜单再买设备

开咖啡馆是一件让人高兴的事，尤其在筹备阶段。我见过很多朋友在筹备开咖啡馆的时候最有激情，花钱如流水的感觉简直不要太好，拿着钱、拿着卡、拿着手机，到处花、到处刷、到处扫，大件小件买了一屋子，然后请我去指导，边比画边畅想："武老师，你看，我买了一个这个设备，是不是可以做个什么饮品？你看你看，我还买了一个这个机器,高科技,很神奇,是不是可以利用一下，做个什么创意咖啡？还有这个，是不是很洋气？你再看看这个……"

我看什么啊我看，你这不是请我去指导的，你这是赤裸裸的炫耀啊。这个时候我一般不会打击他们的积极性，毕竟事业即将起步，有激情总是好的，只是把顺序搞反了。

Tips: 有计划开咖啡馆的朋友常来问我应该买什么设备。我总是先要问他们菜单定了没有？计划卖什么？他们两手一摊，表示并没有计划好要卖什么，只等买了设备再根据设备来决定卖什么。我问他们要买什么设备，他们说："这不是来找你咨询了嘛。"所以有一件事很重要，那就是"定下菜单再买设备"。

我第一次开咖啡馆之前也是先了解设备，在网上与会长接了头，买了咖啡机、虹吸壶等设备之后，才通过田淼认识了我的师傅冉倩，请师傅帮我研究菜单，教我做产品。当年冉倩师傅也不是非常懂流程，她看我买了这些东西，就说这个可以做什么，那个可以做什么，计划了半天，说如果有个某某设备就能做某某饮品了。我当时没在意，只是说等赚了钱就买一个吧。

后来现实深刻地教育了我一次。开店筹备的时候没有买冰沙机，到夏天该卖冷饮的时候，很多客人跟我建议卖冰沙，我感觉这是个赚钱的点，于是匆匆买了一台家用料理机（看，连冰沙机都不是，只是一个料理机），又在吧台里好一通闪转腾挪才把新买的料理机放进去。做冰沙的机器买了可是我并不会做冰沙啊，只能又去找会长。会长教我怎么做，卖给我原料。赶鸭子上架一般，冰沙上线了。冰沙正卖得风生水起的时候，料理机坏了，毕竟是家用电器，不是商用设备，冰块太硬，把刀盘打断了。冰沙来也匆匆，去也匆匆，上线没多久又下线了。

这就是先买设备再定菜单给我带来的一次教训，但是当时我并没有意识到这是"定菜单"与"定设备"的先后顺序不正确造成的。

Tips: 菜单是指导买设备的依据，没有定菜单就去买设备就会很盲目。

在我还没意识到这个程序弄反了的时候，我一直认为这是人之常情。开咖啡馆当然要先买设备啊，买了设备才知道能做什么，能做什么才知道能卖什么啊。很多朋友开咖啡馆的流程也是这样的，一上来就是买各种设备。后来看过很多餐饮行业大咖写的文章，都说要先定菜单，再买设备。当时我还不理解，认为大咖纯粹忽悠人，凭空先写一个菜单出来，那不是胡闹嘛，买了设备之后再定菜单才有凭有据嘛。

后来我是怎么想明白的呢？是因为在厨具市场采购的时候见了一件小事，

才想明白了。那一次我正在一家卖中餐餐具的店里逛着，来了几个人要买餐具，接待他们的店员问他们要菜单，那几个人面面相觑，其中一个人说道："我们店还没开，没有菜单啊。"店员说没有菜单也行，那总得说说卖什么吧。那几个人说买了餐具回去再决定卖什么。店员说连卖什么都不知道那买什么样的餐具啊？两边的人越说越说不拢，车轱辘话说了半天。我在一旁暗自好笑，但是细细一想，还是店员说的话在理。

如果你要卖火锅，你就买锅；你要卖面，你就买大海碗；你要卖炒菜，你就买盘子。往细了说，如果你开的是川菜馆，你要卖麻婆豆腐，你得买带深边的盘子；你要卖鱼香茄子煲，你得买砂锅；你要卖水煮肉片，你得买大瓷盆。不能因为看中一款紫砂的茶壶，就非得买回去在川菜馆做龙井虾仁吧。

Tips: 俗话说："听人劝、吃饱饭。"在开咖啡馆之前还是应该多听取有经验的前辈的意见和建议，不可盲目开展工作，一定要有序开展。

2015 年，阿布阿布咖啡馆重新装修，我真正做到了先定菜单，再买设备。不过那时我已有了经营咖啡馆多年的经验，定菜单对于我来说已经是手到擒来了。我和苏娘娘经过简单的商讨，最终定下来的菜单包含 8 款意式咖啡、8 款创意咖啡、5 款其他饮品和 1 款松饼（手冲咖啡是单列的）。

关于设备，咖啡机、磨豆机、各类小件自不待言，只需要更新即可；做手冲咖啡用的各种手冲壶、滤杯也不用说。冷藏柜、冷冻柜、蛋糕展示柜和制冰机也都是必须的，还有净水设备，也不能忽视，统统都要用商用级别的。做烘焙是苏娘娘的特长，她负责所有烘焙设备的采购，除了一些小件诸如刮刀、蛋抽之类的华而不实的之外，其余的硬件也都是商用级别的设备。这些都简单，复杂的反而是那 5 款其他饮品："棉花糖热巧克力""抹茶拿铁""默默秋菊白巧克力红茶拿铁""燕麦红豆奶昔""缤纷莓果气泡水"，几乎每一款饮品都要用到一个单独的设备。所以定好这份菜单之后，才买了商用开水机、商用料理机、商用气泡水机、商用松饼机等之前没有的设备。

阿布阿布咖啡馆装修好重新开业之后，这 5 款其他饮品的销量很好，给那些不喝咖啡的客人提供了多种选择，所以口碑也不错。因为这 5 款产品是有计划才决定上线的：有含咖啡因的，有不含咖啡因的；有热饮，有冷饮；有加奶的，有不加奶的；有水果的，有坚果的……虽然只有 5 款，但是涵盖的范围却很大，所以热销也在计划之内。

如果反过来，我先买去设备，看中了一台很漂亮、功能很强大的原汁机，果断买了它然后回去开发了几款鲜榨果汁，接下来店铺开业，产品上线，发现鲜榨果汁并不好卖，而且买来的水果一天卖不完就坏了，扔了又可惜，吃了又闹肚子；不卖鲜榨果汁吧，原汁机又这么贵，退也退不掉，又不能只当个摆设。这时候就不仅是肚子疼了，头也要跟着疼了。

Tips：开咖啡馆事无巨细，我有 8 年的从业经验，再开新店时也依然一丝不苟认真对待，先定下菜单，再购买设备。无非是我看市场看得更透彻，能预估什么样的产品比较好卖罢了。

阿布阿布咖啡馆搬到西元广场之后，虽然大多数设备都可以直接搬过来用，但是我仍然先定了菜单，然后有取舍地把有用的旧设备搬来，再添置新设备。

5.4　开一家咖啡馆需要什么样的设备？

开一家咖啡馆需要先定菜单，再买设备。因为有了菜单做指导，买设备就可以"按图索骥"了。市场上、网上卖设备的很多，即使有了菜单做指导，也常常会有买错的时候。

好端端的咖啡机为何会冒烟？正在煮咖啡的虹吸壶为何会突然炸裂？电箱突然频频跳闸究竟是哪件设备被动了手脚？这一切的背后究竟是设备的问题还是人的问题？开一家咖啡馆究竟需要什么样的设备？不要走开，我带你们了解一下咖啡行业里……呃……也并没有什么不可告人的秘密。

我把各种设备分大类来讲，按照"咖啡类""日常类""其他饮品类""烘焙类"分类，这样会更直观一些，这里的设备包含大型的设备，也包含小的器具，眉毛胡子一把抓，大家不必拘泥于细节，把问题搞懂才是重要的。

独立咖啡馆常用设备清单

制冷设备	冷藏柜、冷冻柜、蛋糕展示柜、制冰机等
意式咖啡相关设备	意式咖啡机、磨豆机、拉花缸、压粉锤、粉渣盒、清洁刷、转角垫、布粉器、手柄、咖啡杯等
冲煮咖啡相关设备	水冲壶、滤杯、磨豆机、分享壶、滤纸架、手冲架、电子秤、虹吸壶、光波炉、爱乐压、筛粉器、Chemex、储豆罐、咖啡杯等
吧台操作相关设备	综合操作台、开水机、苏打水机、冰沙机、原汁机、华夫饼机、糖浆架、滤杯架、糖浆压头、果酱瓶、保鲜盒、吧勺、抹布、清洁器具、垃圾桶等
其他设备	路由器、音箱、摄像头、应急灯等

　　咖啡类设备又可以分为意式咖啡设备和冲煮咖啡设备两类，作为一家咖啡馆，意式咖啡是必修课，冲煮咖啡是选修课。

　　意式咖啡设备包括但不限于：商用半自动咖啡机、意式磨豆机、接粉器、压粉器、粉渣盒……意式磨豆机是和半自动咖啡机捆绑在一起用的，接粉器、压粉器、粉渣盒也都是基于意式磨豆机使用的小件，如果选择全自动咖啡机则不需要意式磨豆机，同样也就不需要这些小件了。

　　现在越来越多的商业连锁咖啡店采用商用全自动咖啡机了，商用全自动咖啡机出品稳定，对咖啡师的要求极低，只需要按照操作规程按键即可。然而，绝大多数独立咖啡馆都在使用半自动咖啡机。

　　如果说商用全自动咖啡机出品的每一杯咖啡都可以打 60 分，那么半自动咖啡机则需要依赖咖啡师的技术，每一杯咖啡的得分都不同，从 0 分到 100 分都有可能，再优秀的咖啡师也不敢保证每一杯咖啡都做到 100 分，但是真正优秀的咖啡师会努力把每一杯咖啡做到最好，这也是独立咖啡馆选择半自动咖啡机的原因。

　　有一个我熟识的咖啡师自己开了一家咖啡馆，启动资金还算充裕，中意的咖啡机也看好了，但是在设计装修阶段把预算花超了，只能在购买设备时压缩咖啡机的成本。临时改变计划总是很麻烦，无奈在之前从未考虑过价格区间里挑了一台咖啡机，是一家口碑和售后都不算良好的贸易公司代理的。这台咖啡机本身设计是有硬伤的，可惜当时这位咖啡师并不知道，因为便宜，这台咖啡机里面的管路都是用塑料管代替铜管，在正常情况下，塑料管也没问题，无非就是管路里的水温会受影响。忽然有一天这台咖啡机的水泵的电磁阀出问题了，高压预警不工作了，接着水压就一直升……把塑料管最薄的地方硬生生憋出一个小孔，高压水从这个小孔喷薄而出，很多电子元件见了水就冒烟了，据说还有噼啪声。这个咖啡师也是经验丰富，眼疾手快，赶紧切断咖啡机的水源、电源，才没酿成大祸。

后来？没有后来了，有硬伤的咖啡机怎么有后来？我也说了，他选择了一家口碑和售后都不算良好的贸易公司，这个后果只能自己承担，每天看着咖啡机都提心吊胆的，只盼每天多赚钱早换咖啡机。

买咖啡机这么大件的东西，我不建议通过网络购买。在网上卖的咖啡机比线下卖得便宜，那是因为网络销售没有线下服务。安装咖啡机是一项技术活，水路、电路都得接对，如果自己不会接，在本地找品牌代理商是要收费的。把买机器的费用再加上物流费用、安装费用，比在本地找品牌代理商反而更贵，而且折腾，最关键的是在网上买咖啡机大多没有质保和售后服务。

这种赤裸裸的例子我见得太多太多了，讲出来只是希望大家在买咖啡机的时候一定要眼观六路、耳听八方，才能买到心仪的好机器，毕竟一台咖啡机的价钱不便宜啊。

Tips：市场上有那么多半自动咖啡机，到底应该怎么选择呢？首先还是要根据预算量力而行，在预算范围内找口碑好的咖啡机，咖啡专业论坛上有很多各种咖啡机的测评可以参考，在买之前尽量多试机，尽量购买新机，选择售后服务好的贸易公司代理的咖啡机。

冲煮咖啡设备包括但不限于：磨豆机、筛粉器、手冲壶、手冲架、滤杯、分享壶、电子秤、温度计、计时器、虹吸壶、光波炉、爱乐压、法压壶……一般来说，手冲咖啡是用得最多的，毕竟手冲咖啡的仪式感最强，更能体现时下流行的"匠人精神"。如果是在家玩玩手冲咖啡，手冲壶和滤杯是必不可少的，但是我们是开门做生意，为了保证出品的品质，辅助设备一样也不能少。

我做手冲咖啡有些年头了，也早已冲过一万杯手冲咖啡了，我通过观察萃取时咖啡粉的状态就知道萃取到哪一步了，接下来要如何调整萃取了，但即使如此，我依然要用温度计测温，用电子秤称重，用计时器计时。我们做商业出品不比在家招待客人，万万马虎不得，一杯咖啡做不好就有可能带来意想不到的后果。

购买冲煮咖啡的器具就比较简单了，这种器具一般都是日本产的，常见的品牌国内也都有代理商，只要不买到假货就好——造假没利润，所以假货并不多。注意别买山寨货就行。

Tips：手冲壶和滤杯的类型也非常多，不同的手冲壶和不同的滤杯萃取出来的咖啡也会有比较大的差别，各种典型的型号都买一个不失为一种好方法，可是这种东西看着不贵，买多了资金也受不了。建议大家根据自己的萃取习惯，选取最适合自己的冲煮器具就好。

日常类的设备主要包括收银设备、净水设备、制冷设备、多功能操作台等。这些设备都是各种餐饮店的常用设备，一定要买商用的。

最近很多厂家都在做嵌入式的整体吧台，把多功能操作台与制冷设备包括冷藏柜、冷冻柜、制冰机等结合，做出整体的台面，简洁美观大方。建议大家根据自己吧台的尺寸和结构定制合适的多功能操作台，做好功能分区，这样才能达到事半功倍的效果。

关于净水设备我倒是想多说几句，很多独立咖啡馆老板对水质的问题不够重视，中国这么大，每个地区的水质都不同，水质按软硬区分只是一个很宽泛的分类，即使是软水，也有不同的pH值；即使是相同的pH值，也有不同的离子，咖啡机那么贵，又只能用纯净水，所以做好水质的净化、软化是十分有必要的。我见过太多咖啡机的锅炉被厚厚的水垢所填充的样子，很可怕，抛开这么做出来的咖啡好喝不好喝的问题，水垢会对锅炉以及其他硬件造成损坏，导致灵敏度降低、加热效率降低等，降低咖啡机的使用寿命。

收银设备非常简单，直接去卖收银机和收银软件的公司试机，软件要功能最符合开店需求的，硬件要操作简单的，如果对外观有要求就买外观好看的。有很多独立咖啡馆都没有收银设备，还用手工记账，我认为这样并非不行，只是不够科学、不够准确而已，开门做生意还是要正规一些的好。

Tips：日常类设备看似可有可无，其实一样都不能少。有些朋友在开店之初以省钱为原则，考虑暂时不买这些设备，等赚了钱再买。根据我的观察，这种店一般盈利状况并不好，甚至坚持不到买这些设备就倒闭了。

除咖啡之外的其他饮品所需要的设备就比较复杂了，我建议在设计菜单的时候虽然要考虑产品的多样性，但也要考虑产品制作的复杂程度。比如做原味奶茶，可以只需要一个容器来泡茶，用咖啡机的蒸汽棒来加热牛奶，然后把热茶和热牛奶混合即可；也可以用商用萃茶机萃取红茶，再加入热牛奶搅拌；也可以用电磁炉直接煮茶和牛奶。每种方法做出来的奶茶味道都不一样，所用到的设备也千差万别。再比如奶昔，过去都用奶昔机做奶昔，现在都用搅拌机做奶昔，奶昔机却拿来做水果茶。再如刚才说的萃茶机，新一代的萃茶机不仅可以做奶茶，还能做奶盖、冰沙、果汁、豆浆，只需要换一换刀盘即可。

Tips: 定菜单考验的是我们的综合素质，这个时候千万不能盲目，不能想当然，要多看、多听、多学习，选择运营咖啡馆最适合的产品，选择做这款产品最适合的设备。

接下来说说烘焙设备。咖啡馆怎么可以不做甜点？但是甜点又是一个超级大的类别，包罗万象，首先你需要拥有一台烤箱，然后，各种小件、各种模具、各种刀具你就使劲儿买吧。关于烤箱，我的建议依然是商用烤箱，稳定性是最重要的，你总不愿意放进烤箱去烘焙的原材料因为烤箱的硬伤而浪费吧？毕竟做烘焙的原材料都挺贵的。我请苏娘娘把她的烘焙间里除了烘焙机之外的各种小件、各种模具、各种刀具列了一个清单，大家可以看一下。

烤箱 1 台

厨师机 1 台

电动打蛋器 1 台

封口机 1 台

厨房电子秤 1 台

针式温度计 1 个

烤箱温度计 1 个

各类蛋糕模具 46 个

各类饼干模具 25 个

蛋糕转台 1 个

蛋糕分割器 1 个

蛋糕分层器 1 组 2 个

筛面器 2 个

筛网 1 个

量杯 4 个

盎司杯 1 个

量勺 1 组 4 个

木质擀面杖 1 个

排气擀面杖 1 个

蛋抽 2 个

刮板 4 个

刮刀 2 个

蛋糕刀 4 个

柠檬皮刀 1 个

抹刀 2 个

脱模刀 1 个

果酱刀 1 个

面包刀 2 个

比萨刀 1 个

比萨铲 1 个

裱花嘴 38 个

喷壶 2 个

小奶锅 1 个

撒粉器 2 个

擦丝器 1 个

中式点心用印章 6 个

夹子 1 个

烘焙剪子 1 把

晾架 5 个

毛刷 2 个

硅胶刷 1 个

硅胶垫 1 个

马卡龙专用垫 1 个

隔热手套 2 个

压巧克力碎的东西 1 个

苏娘娘是一个比较节俭的人，平日里舍不得买暂时用不到的东西，而且她所有的这些东西没有多余的，没有浪费的，都是常用的。其他诸如油纸、裱花袋、纸杯蛋糕的纸托等消耗品也没有列出来。

Tips: 西点烘焙我不是太在行，而且西点烘焙有独立的知识体系，我不敢妄言。咖啡馆不是甜品店，对甜品的出品要求如果不高，简单的出品不需要太多的设备，如果想做专业的西点烘焙，还是要到专业的西点培训学校学习。

有的独立咖啡馆还要出餐，后厨包罗的设备就更多了，这里我就不展开阐述了，只要记得我反复强调的"用商用设备"，哪怕只是出品一款鱼丸粗面，也要用商用的电磁炉和吊汤桶，千万不能用家用电磁炉和家用不锈钢锅。不然你的客人"等到花儿都谢了"还没吃到鱼丸粗面，你连咖啡都卖不出去了。

我上面说的这些不是要吓唬大家，而是要让大家知道，做咖啡、做烘焙乃至经营整个咖啡馆，都事无巨细，一定要有强迫症、完美主义和能洞察一切的洞察力，才能做好每一件事。

第 6 章

选择装修风格最头疼

　　装修工作的开始似乎才算是一家咖啡馆正式启动的标志。因为装修可以算是筹备咖啡馆的第一件实实在在的事情。待一家咖啡馆的筹备工作进展到装修时，那也意味着这家咖啡馆的筹备工作已经进展到尾声，离真正的开业已经不远了。可是，究竟该选择什么样的装修风格，究竟该怎么开展装修工作呢？我来帮大家捋一捋头绪。

06

6.1 我的最炫的民族风

有人说阿布阿布咖啡馆国贸中心店的装修风格是民族风，对此我不敢苟同，但又不得不认同。不敢苟同是因为装修从头至尾都是我全权把控的，我并没有要做民族风的意思；不得不认同是因为在这个各种元素混搭的咖啡馆里，一块东北大花布铺在最显眼的台位上当桌布。我也忘了这块东北大花布是从哪儿来的，也从没有人在意过这块东北大花布，但是自从某明星穿了一件东北大花布的礼服走了戛纳电影节的红毯，阿布阿布咖啡馆也算搭上了"时尚"的顺风车，装修风格便被人定义为"民族风"了，这张"最显眼"的台位成了"最受欢迎"的台位。

罗马城不是一天建成的，阿布阿布咖啡馆的"民族风"也不是只靠一块东北大花布就奠定了的。

2009年的初次装修，我本着少花钱多办事的原则，自己动手装修，没有设计师，没有监理，没有施工队，只有两个从没做过工装的装修师傅听一个没有任何装修经验的我瞎指挥。

我按照自己的想法，主色调做了红色与黑色的配色，在我的概念里咖啡馆就应该是热情似火的，就应该是暗格调的，热情似火如红色，暗格调如黑色。房顶是黑色的，房屋四角承重的柱子和打造的隔墙是红色的，其余的墙面采用了不跳跃、不突出的灰色。

地板铺的是木地板——红木色的复合板。这个木地板真是值得多说两句。装修时是冬天，我选的还是大块的，人家店里最大块的，因为最大块的价格最便宜。可能老板也没经验，也可能是老板有经验不愿意说，那个最便宜的木地板会热胀冷缩。大冬天铺的木地板拼得很紧凑，到了夏天可就要了亲命了，因为"热胀"，木地板一块一块全都翘起来了，一个一个的鼓包，小的鼓包又连成一片大的鼓包，走在上面如同踩着跷跷板，还会咯吱咯吱响，有调皮的客人还故意踩在鼓包的地方，还要多蹦两下，以为我是特意做的这种效果。后来鼓包的地方被人踩得多了，就出现了裂缝，又到冬天，因为"冷缩"，裂缝就更大了，都能看到水泥地了。就这样一年又一年，木地板早已面目全非，我一直厚着脸皮用了五年半。重新装修前拆木地板的时候只有一块板子是完好无缺的，我本想留作纪念，结果人多手杂，不知被谁拿走了。

家具也要红色与黑色的配色和木质的原色。沙发是布艺的，而且沙发的造型也是我设计的（我常说独立咖啡馆的老板是全能的），熟悉阿布阿布咖啡馆的客人都知道，那个大红色（有黑色暗花的）沙发舒服得不要不要的，尤其是半夜看完球赛，窝在里面一觉睡到天亮，简直比"席梦思"还"席梦思"。重新装修时，这几个大沙发被升达大学校园里的邂逅时光咖啡馆的老板袁哥一股脑拉走了，现在还在邂逅时光咖啡馆。桌子也是我设计的，橡木色，虽然并没有参考什么人体工程学原理，但是也并没有被吐槽过。除了沙发区还有藤椅区，藤椅和藤编的小茶几的都是买的现成的，这个没什么说的。还有一个小书架，我承认也是我设计的，橡木色，只不过这个设计作品并不成功，一直处于左右倾斜而不倒的状态；后来更新吧台的时候换了一个大书架，固定在墙上，再也没有歪斜过。

吧台是建材市场里面一家做厨具的老板给做的，黑色的外立面、白色的台面。

经过一个月左右的装修，终于完工，如果非要给这个崭新的咖啡馆定义一个风格，那就是无风格，说现代不是现代，说复古不是复古，说文艺不是文艺，就是各种素材七拼八凑出来的这么一个咖啡馆。那时候觉得自己很厉害，每一个到店里的朋友都夸赞说没想到这写字楼里居然还有这么有意思的地方，我常挂在嘴边的话是："我都替你崇拜我。"今天再看当年的照片，觉得自己当年的审美怎么这么没品位。

刚刚诞生的阿布阿布咖啡馆，怎么都不能和"民族风"联系起来。

Tips：装修是一项系统的工作，切不可东一榔头西一棒槌。那年春晚的小品《装修》我们都看过，艺术源于生活、高于生活，看小品哈哈一乐，但现实生活中真的有这样搞装修的。虽然我当年也曾办过这样的糗事，但是现如今我深信"让专业的人做专业的事"，但凡装修，必找设计师、装饰公司。

凡事都是在进步，当我意识到这个装修有些落伍的时候，我没有舍得推倒重做，而是把急需升级换代的吧台、书架还有洗手间重新做了。我在建材市场找了一家做整体衣柜的为我做吧台和书架，用的是红木色的实木颗粒板。藤椅和藤编的小茶几淘汰掉，换成了单人实木沙发椅和实木小茶几。展示烟标的玻璃货柜撤了，珂大侠家里几件淘汰掉的老式木质家具——一个小橱柜、一个大橱柜、一个皮沙发被我搬来咖啡馆。两个橱柜上又摆满了各种各样的小摆件，最吸引人眼球的就是好友李旸送给我的一对脊兽——他回老家从别人家屋顶上扒下来的，以及我去浚县买回来的几十个泥咕咕（当地传统手工艺品）。

也就是这个时期，一块东北大花布悄悄地出现在了店里，铺在一张桌子上当桌布。

老式木质家具、老式皮沙发、脊兽、泥咕咕、东北大花布，就这样，阿布阿布咖啡馆成了大家口口相传的"民族风"咖啡馆，还是最炫的民族风。

阿布阿布咖啡馆的熟客张晨说我是老年艺术家，我说承让承让。因为我比较喜欢古玩杂项，喜欢戏曲曲艺，所以得到一个"老年艺术家"的称号。

老年艺术家的咖啡馆，当然要民族风了。可惜，民族风并不是我想要的。

Tips：装修工作不找专业人士来做的后果就是"返工"。就因为第一次装修没有找专业人士来做，阿布阿布咖啡馆一直在改造，看似第一次装修省了钱，其实在以后的改造中花了很多钱，费了很多事。

2015 年，重新装修阿布阿布咖啡馆，我的想法是全部推倒重新来过，苏娘娘也同意推倒重来。

推倒重来就不能再出现民族风。在和几个朋友一起讨论设计方案的时候我提议做北欧极简风格。好友党党说北欧极简风格非常好，但一定要融入民族风的元素，不然就不是阿布阿布咖啡馆了。这个想法让我很震惊，我很难想象得到北欧极简风格怎么和民族风联系在一起?

党党的想法果然非同一般,她提出了一个大胆的想法:房屋是框架结构,在四角由四根柱子承重,在落地玻璃窗两侧的两根柱子是圆形的,两根柱子之间有一根横梁,党党提议把圆柱子刷成大红色,横梁画上明清风格的彩绘。

我和一起参与讨论的朋友们都惊呆了,这个想法如果能实现,绝对是亮点。

在和设计师小鱼反复讨论之后,无所不能的小鱼成功地把这个很跳跃的中式元素融入到北欧极简风格里。装修师傅和画彩绘的珂大侠非常给力,施工还原度几乎达到 100%,每一个来到店里的客人都对这个"亮点"赞不绝口。

党党的这个"鬼点子"不是民族风,算是中国风,而且经过珂大侠的"妙笔生花",简直就是最炫的中国风了。

Tips:混搭(mix and match)是一个时尚名词,指将不同风格、不同材质的元素按照个人意愿搭配出完全个人化的风格。混搭看似漫不经心,但得当的话都能出奇制胜。混搭虽然是多种元素并存,但混搭不是乱搭,混搭是否成功,首先在于定"基调",以这种基调的风格为主线,其他风格元素做点缀,要有主次、轻重之分。

站在雕梁画栋、北欧极简风格的阿布阿布咖啡馆中央,我不禁想唱:阿布阿布咖啡馆是我的爱,是我心中的小呀小苹果……

6.2 完美主义者苏娘娘

苏娘娘是一个完美主义者,还有一些选择困难症。

苏娘娘的选择困难症着重体现在阿布阿布咖啡馆的几次装修中。苏娘娘喜欢的风格很多,但是我们又不能一下子开好几家咖啡馆。一次只能开一家咖啡馆,装修风格如何选择就成了苏娘娘最烦恼的事情,田园、英伦、复古、北欧简约……每种风格都有一个咖啡馆存在苏娘娘深深的脑海里、她的梦里、她的心里、她的手机相册里。每次看到苏娘娘抱着手机时而皱眉、时而微笑、时而沉思、时而摇头,我就知道她又在纠结装修风格的事情了。

和苏娘娘结婚之前，阿布阿布咖啡馆的装修大局都是我主持的；结婚之后，苏娘娘不止一次地吐槽阿布阿布咖啡馆装修得太难看了，不仅难看，细节处理得也不好，总之，被苏娘娘批得一无是处。看着掉漆的墙面、翘起的木地板、歪七扭八的书架，我无力反驳。

2012 年，我和苏娘娘在绿城百合社区租下了一处临街的店铺，准备开一家社区型咖啡馆，终于，苏娘娘施展才华的时刻到了。

店铺的样子是苏娘娘最喜欢的样子，四四方方的房间，规规整整，中间没有柱子也没有隔断，通透，亮堂，方便设计和布局；房屋挑高很高，不做隔层，不显压抑；门脸很宽，整面的玻璃门窗，展示面积很大，从外面就能看到屋里的样子，方便吸引客人；门前的人行道很宽，树荫很好，可以放遮阳伞，再摆几个小台子。苏娘娘认为这就是最理想的开咖啡馆的房子，没有之一。

房子是租下来了，可是需要怎么装修，这可让苏娘娘头疼了。这么舒服的房子，如果不装修好那就太可惜了。就好比做菜，手头上各种食材都新鲜，各种配菜都齐全，反而不知道该做一道什么菜才能体现自己高超的厨艺了，不说做传说、典籍里的上古神菜了，哪怕就是做一道满汉全席里的菜品或者《红楼梦》里写到的菜品也能让食客赞不绝口，如果最终只炖了一锅乱炖岂不是让食客看笑话？装修风格就好比各种菜系，苏娘娘拎着炒勺却犯了迷糊，炒一个川菜还是烧一个粤菜抑或做一顿法餐？

那时候苏娘娘刚看了《海鸥食堂》，对电影里那个北欧风的咖啡馆念念不忘，于是决定做一个像海鸥食堂那样的北欧风咖啡馆：明亮，小，温馨。

那时阿布阿布咖啡馆有一个兼职的店员叫杨鹏，杨鹏当时在一家室内设计公司上班，按照苏娘娘的想法加班赶了几张草图，有布局图，有水电施工图，简单明了，给苏娘娘省了钱，又能让工人看得懂。果然，苏娘娘最适合搞装修，一个月的辛勤劳作之后，一个崭新的阿布阿布咖啡馆诞生了，真的如"海鸥食堂"一样让人有进去看一看的欲望。

苏娘娘第一次主持咖啡馆的装修工作，完美主义取得了圆满成功。

Tips: 装修工作的确需要一些完美主义，虽然很多装修业内人士常说没有完美的装修，但是我们需要完美主义的精神来指导装修工作，咖啡馆的装修尤其需要这样。很多细节都需要一些完美主义来指导：花砖的缝儿对得齐不齐，插座的高度是不是方便使用，灯的高度和亮度是不是合适，吊架两端平不平……咖啡馆注重的就是细节，细节处理得不到位，客人就会不舒服。

2015 年夏天，阿布阿布咖啡馆国贸中心店重新装修，这次装修时，苏娘娘的"选择困难症"进入了"晚期"。

因为年久失修，新三年、旧三年、缝缝补补又三年的阿布阿布咖啡馆国贸中心店已经到了不重新装修不行的地步，当初用的都是最便宜的装修材料，硬撑着用了五年半，按理说早该淘汰换新的了，但是因为苏娘娘的选择困难症，硬是又多撑了半年。

早在 2014 年年底我和苏娘娘就计划重新装修，但是苏娘娘迟迟不能做决定，不是不能决定装修不装修，而是不能决定装修成什么样。当时阿布阿布咖啡馆只剩这一家店，而且是朝夕相处了五年的店，熟悉到不能再熟悉，那么到底应该把它装修成什么样呢？苏娘娘陷入了深深的纠结。

苏娘娘每天都抱着手机看世界各地各种各样的咖啡馆，关注了无数的微博和无数的公众号，越看越眼花缭乱，越看越神昏意乱，越看越心烦意乱，方寸大乱。

期间苏娘娘和我探讨过欧式田园风格，用碎花主题，她连说带比画，给我规划出一个小清新的咖啡馆，顿时我觉得阳光灿烂，遍地薰衣草。

苏娘娘说完之后我还没提意见和建议，她却改了英伦风，红蓝两色的配色，永恒的主题，软装也好找，红邮筒啊红电话亭啊网上到处都有卖，还能再融入一点点哈利·波特的元素，做个九又四分之三站台什么的。

我刚想说九又四分之三站台都烂大街了的时候，苏娘娘又改变想法要做欧式复古的风格了，没错，每个姑娘心里都有一个咖啡馆的同时也有一个古堡，藤蔓植物，银质茶壶，下午三点阳光洒进咖啡馆的角度……嗯，我同意这个方案。除了软装预算有些高，其他的都不是问题。

可惜苏娘娘并不给我说话的机会，她又想做一个柠檬黄色调的咖啡馆，大约是看了韩国的一些咖啡馆，我感觉柠檬黄也挺好，脑子里瞬间想到了一些柠檬黄色的咖啡设备，咖啡机有柠檬黄色的，磨豆机也有柠檬黄色的，我拿着柠檬黄色的手冲壶，透过柠檬黄色的咖啡滤杯冲一杯咖啡，倒进柠檬黄色的咖啡杯……

　　我还没畅想完，苏娘娘说她想做一个北欧简约风的咖啡馆。嗯，我就知道她一定想要做一个北欧简约风的咖啡馆，因为失败了的那家绿城百合店让她耿耿于怀。

　　定下来北欧简约风的装修风格，时间已过去半年。

　　设计由设计师小鱼亲自操刀，效果图出来之后苏娘娘非常满意。装修的进度也是比较快的，店员沈艺的表哥就是开装饰公司的，表哥亲自监理，全新的阿布阿布咖啡馆很快就重新开张了，这是一个北欧简约风里面吹拂着中国风的咖啡馆。在苏娘娘看来，这次的北欧简约风比上次的北欧简约风好。

　　Tips: 装修之前确定设计风格是最难的，装修风格太多，在选择上难免挑花眼。在选择时一定要选择适合自己的，适合未来经营方向的装修风格。比如咖啡馆是西方舶来的，就不是很适合传统中式风格。如果选择了欧式田园的装修风格，那么在未来的经营中也要紧扣欧式田园的风格，比如店员的工作就不能太嘻哈，背景音乐也不能太摇滚。

　　天不遂人愿，装修刚过一年的阿布阿布咖啡馆要搬离国贸中心写字楼，进驻西元广场。对苏娘娘来讲，又要面对一次纠结，又要面对一次困难的选择。

　　西元广场给我的铺位面积比较小，只有不到 30 平方米，而且这个铺位的形状很奇怪，是一个有长长的斜边的直角梯形，这个形状的坏处是我有一个大锐角的空间不能利用；好处是我有一个很长很长的形象墙。

　　苏娘娘不想再做北欧简约风了，这次她完全没有思路了，只有一些零碎的想法，我们和设计师小鱼沟通了好久，见了无数次面，修改了无数次方案。终于，小鱼灵机一动，在这个奇怪的形状里设计了一个有现代感的、有设计感的微型咖啡馆。我和苏娘娘对这个设计方案赞不绝口。

　　装修还是沈艺的表哥做监理，工人也都是合作过的工人，轻车熟路地完成了装修工作，加之苏娘娘的完美主义监工，装修还原度很高，小鱼很欣慰。

　　在西元广场这个各家店铺装修千篇一律的商场里，阿布阿布咖啡馆的装修因为特立独行，才显出了自己的个性。

Tips：装修工作要严格按照既定的效果图、施工图来做，切不可中途修改，否则得不偿失。在施工工作中要有完美主义的作风，否则施工效果也会大打折扣。

阿布阿布咖啡馆西元广场店已经平稳运营一年多了，合同即将到期，计划搬家，苏娘娘已经在盘算着下一家阿布阿布咖啡馆的样子了。

苏娘娘的完美主义在装修工作中展露无遗，她的选择困难症却没办法治，除非我可以开很多很多咖啡馆。

6.3　无所不能的设计师小鱼

2015 年重新装修阿布阿布咖啡馆之前，有一位朋友说他的朋友的朋友是个设计师，叫小鱼，可以推荐我认识。小鱼这个名字一听就是个花名，我以为小鱼是个像古龙笔下的"江小鱼"一样带有一丝丝痞气的江湖人，没想到来阿布阿布咖啡馆找我的自称"小鱼"的居然是个圆圆脸的小美女。于是我认识了朋友的朋友的朋友——小鱼，我们也很快成了朋友。

小鱼说她做室内设计算是半路出家，她大学本不是学这个专业的，毕业之后工作了一段时间才去专门学了室内设计。与小鱼合作了两次——阿布阿布咖啡馆国贸中心店重新装修、阿布阿布咖啡馆西元广场店装修，相识之后我还介绍小鱼帮几个朋友开的餐厅做过设计，通过几次合作，我发现小鱼无所不能，各种风格都运用得炉火纯青。

Tips：经营咖啡馆多年，我见过的室内设计师太多太多。但认识小鱼之前，我没有用过室内设计师（这是我的不幸）。认识小鱼是我的幸运，通过和小鱼的接触，我认识到经营一家咖啡馆之前的装修工作是非常重要的，而能帮你把这个重要的工作完成得很好的人非一位优秀的室内设计师莫属。

我接触过的第一个室内设计师是我舅舅的同学的弟弟。舅舅的同学是开室内设计公司的，他的弟弟就在公司里做室内设计师。当听说我要自己创业做咖啡馆，他们都很支持，免费给我出设计，可惜那个时候独立咖啡馆凤毛麟角，他们可参考的样本也只有上岛咖啡之类的西餐厅，所以做成的设计效果图有浓浓的上岛咖啡的影子。他们不知道我想要什么，我又表达不出来我想要什么，于是我仗着自己是小辈，婉言谢绝了舅舅们的好意，自己动手，丰衣足食。

后来再遇到的室内设计师里有几个印象比较深刻的。

余姐有一处房产是一幢写字楼的底商，位置极佳，她想让我去再开一家咖啡馆，我就和苏娘娘一起去了，同去的还有一个朋友，带着一位室内设计师。这位设计师西装革履，戴着眼镜，看起来很商务，说起话来却是一口地道的方言土语。设计师见到我们连声招呼都不打就开始量房——他没有用量房仪，而是用的卷尺，朋友给他打辅助，二人没有过多的言语，设计师一会儿拉拉卷尺，一会儿拿着夹板、铅笔写写画画，不多时就量完了，量完就要走，朋友忙拦住他，向他介绍我说："这是小武老师。"设计师看了我一眼，说："咖啡馆是吧？等着出效果图吧。"我愣在原地，任凭冷冷的风在脸上胡乱地拍。我想如果当时有个靠谱的室内设计师，说不定这家咖啡馆真的就能开起来了。

还有一位设计师，也是阿布阿布咖啡馆国贸中心店重新装修前约见的，是一位朋友推荐的年轻小伙子，穿衣打扮很有自己的风格，年轻、有范儿，见面之后话不多，带着助手就开始量房——用了量房仪。量完房就开始介绍自己：专业学室内设计，毕业后从业多少年，然后打开电脑开始给我看他设计的作品：某某品牌的某某餐厅，某某品牌的某某酒店，还有某某品牌的某某咖啡馆。作品看得我眼花缭乱，但又觉得他的设计千篇一律。设计师自豪地说自己年纪轻轻地就找到了自己的风格。嗯，没错，年纪轻轻的就被一种东西给圈住了。

有的室内设计师喜欢东拉西扯，海阔天空什么都能聊，给人一种学富五车的感觉；有的则是沉默寡言，惜字如金，给人一种神秘莫测的感觉。各人有各人的风格，在选择设计师的时候一定要谨慎。

Tips：选择设计师也是有风险的，选择对了，一切就都对了；如果选择错了，时时处处都不顺心。选择设计师这件事首先要看口碑，在朋友圈中口碑好的设计师一定不会有大问题；其次要看感觉，有些设计师水平很高，但是感觉不对，你想要表达的东西不是他的特长也不行。

小鱼第一次来阿布阿布咖啡馆找我，并没有量房，也没有给我看她之前的作品，而是像一位记者一样采访我，问我问题。问我做咖啡多久了，问我为什么要做咖啡，问我喜欢喝哪种咖啡，问我除了咖啡之外还有什么爱好，问我有没有喜欢的咖啡馆……

我觉得小鱼这个人挺有意思的，毕竟我是学新闻出身的，对于提问、采访也是相当专业，小鱼采访完我，我也去采访她，一来二去，我俩就熟悉了起来，继而越聊越愉快，聊到忘记了时间。小鱼走的时候我们便约好了下次见面的时间。

送走小鱼，在一位常来喝咖啡的熟客的提醒下，我才意识到应该看看小鱼之前的设计作品。小鱼在微信上回我："我给别人设计的东西都是别人的，你想要的肯定是你自己的。"我一听，对路。但是小鱼还是给我发来一些图片，都是她设计的其他餐厅的实拍图，其中不乏在本地相当有名气的餐饮连锁店。她说："这是我做的餐饮店的设计，每家风格都不一样，我不喜欢一成不变的风格。"

瞬间感觉小鱼的三观和我的非常一致，和聪明人交朋友就是这个感觉。

在第二次见面之前就拍板决定和小鱼合作。第二次见面，小鱼带了量房仪，还带着一个画板，她说她喜欢手绘，想到哪儿画到哪儿，这样可以把客户凌乱的思路整理起来，变成统一的东西。

我和小鱼再次海阔天空地聊天，边聊小鱼边画，聊完天，小鱼说："我感觉你要的东西是这样的……"

一通话说完，我感觉小鱼说得太对了！这就是我想表达却怎么也表达不出来的东西。苏娘娘在一旁听着，感觉也是她想要的东西。

设计方案出来后，后面的事情就水到渠成了。和小鱼的第一次合作非常愉快。

Tips：优秀的设计师不会给你看他做过什么，而会告诉你他要为你做什么。室内设计不可复制，但好的设计师可以帮助你让你的思绪立体起来。

阿布阿布咖啡馆从国贸中心搬到西元广场，我毫不犹豫地联系小鱼请她做设计，小鱼实地量了房，又问了问我和苏娘娘有没有什么想法，我俩也是零零碎碎地跟她说了，最后我说："我信任你。"

小鱼果然不负众望，经过反复修改，终于拿出了一个我和苏娘娘都认为非常棒的方案，因为铺位形状的特殊性，小鱼还做了很多有趣的小创意，来弥补形状的"先天不足"。一个现代感十足、设计感十足的小小咖啡馆跃然纸上。

或许是因为铺位面积小，或许是因为小鱼的施工图做得好，施工起来比较简单，施工的还原度也非常高。开业之后，小鱼来咖啡馆拍了好多照片，她说她看到阿布阿布咖啡馆装修好的样子非常有成就感。

☕ Tips: 在与设计师合作时要给予设计师充分的信任与空间，设计师是有自己的主观能动性的，切不可用条条框框把设计师禁锢。

经常有要开店的朋友请我推荐室内设计师，我无一例外地推荐了小鱼，而且我跟朋友们只说三句话："设计师叫小鱼。阿布阿布咖啡馆国贸中心店重新装修是她设计的。阿布阿布咖啡馆西元广场店是她设计的。"朋友听我说完都很惊讶，他们都以为两家店用的是两个设计师。

每个人心里都有一个咖啡馆，设计师就是把你心里的咖啡馆变成真的咖啡馆的那个人。所以，开咖啡馆之前一定要找室内设计师，一定要找小鱼这样能读懂你内心的室内设计师。

6.4　开一家咖啡馆需要什么样的装修风格？

一家咖啡馆所呈献给世人的样子就是其装修好的样子。把毛坯房变成咖啡馆是装修工人的杰作，而室内设计师就是装修工人的指挥家，一切的一切，设计师需尽在掌握中。"装修"是一间房子能被称为咖啡馆的第一步，而室内设计就是用来指导装修工作的。我们评价一家咖啡馆好看不好看，评价的就是装修，而实质上我们变相评论的就是室内设计。

室内设计师就是把我们的零碎的想法捏合在一起再整体呈现出来的人，要想自己的咖啡馆漂漂亮亮的，室内设计师一定要选好。

那么开一家咖啡馆到底需要什么样的装修风格呢？你们会不会也像苏娘娘那样有选择恐惧症呢？装修咖啡馆要选择一个什么样的室内设计师呢？具体的装修工作需要怎么开展呢？听我一点一点慢慢说。

　　"装修风格"其实是一个比较整体的概念，是房屋设计、装修的整体特点，装修风格的确立让设计师更容易把握设计的立足点，也能够使咖啡馆老板在装修前更容易捋顺自己对于装修的思路。比如，我们说一家咖啡馆很简约，或者很古典，或者很欧式，说的都是装修风格。能说出装修风格的咖啡馆一定是一个整体，如果我们很难说出一家咖啡馆是什么装修风格的，那就说明这家店的装修是杂乱无章的，有些人管这种叫"混搭风"，我不敢苟同，混搭是有原则的混搭，而不是混不吝地往一起搭。往下细分，简约也有很多种，古典也有很多种，欧式也有很多种，分类太多太多了。随着大家的审美水平越来越高，独立咖啡馆的装修也变得越来越精致，而一家设计装修能让人记住的独立咖啡馆，一定是有一个整体的风格的。

　　咖啡馆是西方舶来的，所以很多独立咖啡馆的老板在选择装修风格时都喜欢欧式的风格，欧式田园、欧式古典、地中海、巴洛克等，都是早先比较常见的风格，这种环境让人身临其境，营造出像是在欧洲喝咖啡的感觉。欧式的装修风格因为起步早、发展得比较成熟，建材市场上相关的软装材料、饰品、家具也比较丰富，很容易做出整体感。

　　日本的咖啡产业在第二次世界大战后发展得很快，咖啡馆也是遍地开花。日本这个国家给人的感觉都是简约的，所以日本的很多咖啡馆也都是简约风格的装修，大多采用亮色调，白色与木质原色为主，简约明快，让喝咖啡的人没有压力。这种日式简约的装修风格最近非常流行，国内很多新开的咖啡馆都开始使用这种简约风格的装修。装修材料简单，装修进度快，也是这种风格流行的主要因素。

　　韩国的咖啡产业在第二次世界大战后同样发展得很快，但是韩国给人的感觉就和日本完全不同，韩国这个国家给人的感觉是娱乐化的。韩国遍地都是咖啡馆，这些咖啡馆的装修风格也都各式各样，虽然多以简单粗放的美式工业风格为主，但各自又有各自的特色，融入了很多品牌元素，配色大胆且又温馨浪漫，在韩国街头，各种设计感十足的小咖啡馆鳞次栉比。现在国内也有很多加盟韩国的咖啡馆品牌或学习韩式咖啡馆的装修风格，这种在美式工业风格的基础上加上品牌元素，是一种简单易行的方式，也被很多咖啡馆所采用。

　　我也见过一些中式装修风格的咖啡馆，中国传统建筑中一些元素比如窗棂、宫灯、屏风等都有恰到好处的运用。虽然咖啡馆是舶来的，但是中国人喝茶的习惯自古便有，茶馆也是有着悠久历史的，咖啡馆借鉴茶馆的中式装修风格未为不可，但切不可照猫画虎。

Tips：设计装修的风格太多太多，多数风格都适合做咖啡馆，风格统一只是基础，具体选择哪种风格还需要咖啡馆的经营者多多考虑，不能完全从自己的主观意愿出发，还要结合周边环境、目标受众的喜好、城市文化等因素，综合考虑之后再决定采用哪种装修风格。在选择装修风格的时候，要果断，不要犹豫，像苏娘娘那样犯了选择困难症并不好，毕竟能给我们装修期的房东并不多，时间宝贵，不能浪费在这些事情上。

选定装修风格之后就需要与室内设计师进行沟通了，因为风格只是一个大方向，并不代表任何细节。比如选择了地中海风格，但是希腊、西班牙、意大利、法国、土耳其、北非各国都在地中海沿岸，各自也都有比较代表性的装修风格，虽然都是地中海风格，但是宗教、民族的不同，横向对比起来又千差万别；即使是选择希腊的地中海风格，在具体的设计中，也不可能把所有的元素都融入进去，乍一看都是蓝色与白色的主题配色，但是在材质、材料、软装方面的选择，各种元素的搭配等，都是需要设计师做大量工作的。

室内设计师是整个设计装修工作中最重要的人。在我看来，一个优秀的室内设计师应该是想客户之所想，而不是凌驾于客户之上的。术业有专攻，室内设计师的专业就是室内设计，但是不能因为专业就把自己的想法强加给客户，这样的设计师一定不能要。还有一些设计师，仗着一件成功的作品就想"一招鲜吃遍天"，也是不可取的。我们开咖啡馆之前选择室内设计师，一定要多沟通，多交流，看看这个设计师能不能很好地理解我们的想法，能不能很好地把我们的想法实现。

装修咖啡馆是工装，千万不要找家装的团队来做设计和施工。家装设计可以千篇一律（现在市场上所谓的家装的收费是一平方米 699 元，包工包料包设计，设计师和施工人员都是流水线作业），但工装是要考量很多细节的，尤其是咖啡馆，很多细节都是其他各类装修涉及不到的。很多优秀的室内设计师第一次设计咖啡馆时也会手忙脚乱。在选择设计师的时候，请朋友推荐是个不错的选择，只要朋友靠谱，推荐的设计师往往也会比较靠谱。

Tips：在和设计师沟通时，我们要思路清晰，尽可能把自己想要的东西描述清楚，不然设计师只能猜我们的想法，在后期工作时也会比较困难，做出的效果也不会令我们满意。

设计工作结束之后就是施工环节了。我参与过太多的咖啡馆装修施工，除了阿布阿布咖啡馆的几次装修施工，不少朋友开咖啡馆也都会请我去施工现场做一些具体的工作，而我也很乐于做这些工作，虽然脏点累点，但对于我来讲，去一次就是一次学习的过程。

施工环节要注意的都是一些小细节，这些细节的成败直接关系到咖啡馆后期的运营。

我特别喜欢举"插座"这个例子。插座是一个咖啡馆必不可少的小物件，这里只说电源插座不说开关插座，插座面板就分很多种，按插孔分类有三孔插座、五孔插座、电话插座、USB插座、多功能插座等；按额定电流分类有10A插座、16A插座；按电压分类有单相插座、三相插座；根据不同的用电器分类，有的插座需要断电保护，有的插座需要防水，有的插座需要显示灯等；根据安装的位置不同，还分墙面插座和地面插座。这么多种插座，咖啡馆应该怎么选择种类？每个种类安装多少个？安装在哪里？这都需要提前经过计算，可以多，不能少，待装修结束到运营阶段，发现插座不够用就麻烦了，扯插线板虽然方便，可是用起来会很乱，也不安全。

插座只是一个小问题，装修中还有很多大问题，水和电是最重要的。咖啡馆最关键的就是水和电，没有水、没有电，咖啡馆就经营不下去，水和电又是最危险的东西。我在2009年第一次装修时没有意识到这些，铺木地板之前没有做地面防水，重新装修时揭掉木地板才发现吧台面盆下的地面已经湿透，万幸的是楼板厚，不然楼下邻居的天花板早就"下雨"了；第一次装修时在吧台里只留了两个电源插座，后来用电器越来越多，用了五个多功能插线板才把所有用电器都插上，但是所有用电器不敢同时使用，不然一定会因为超负荷而跳闸。

后来逐渐吸取经验，装修一次就积累一些经验，现在这家阿布阿布咖啡馆西元广场店只用了一个插线板，是为了方便员工们和苏娘娘同时给手机充电。

Tips: 装修工作事无巨细，如果能请到有咖啡馆装修经验的师傅最好。水和电是最重要的，一定要在施工图上规划好。在施工时要考虑到今后营业的实际情况，提前做好功课，不要事后弥补，劳民伤财。

装修材料的选择也很费心。我提倡用环保材料，但是环保材料的成本高，很多独立咖啡馆老板在这个问题上容易失去原则。其实换个角度想想，你自己经营的咖啡馆，肯定你自己在这里的时间最多，为什么不用环保的材料呢？

有一种工作叫"监理"，咖啡馆在装修的时候一定要有监理，这个监理可以由设计公司派一名专业的监理人员，也可以是设计师来兼任，监理要对施工现场的所有工作负责，是必须熟悉装修效果图、施工图的人。如果没有监理，工人师傅在工作中的偏差得不到及时修正，后期处理起来会很麻烦。

Tips: 在环保的前提下，我建议用结实耐用、性价比高的材料。毕竟绝大多数开咖啡馆的房子都是租的，即使是自己的房子，一次装修也是有寿命的，不要在耗材上过多花费。

装修是一个复杂、烦琐、折腾人的工作，也不是这一篇文章、一本书能讲得清的。但装修又是开咖啡馆的第一步，谁也躲不掉，想省心就多花钱，想省钱就多费心，道理大家都懂。

我不提倡完全亲自动手装修咖啡馆，但我建议适当参与装修工作，如果不亲自参与到自己的咖啡馆的装修工作中来，那多没意思啊。

第 7 章

咖啡馆的视觉传达要做好

独立咖啡馆的规模虽然很小，但是视觉传达系统却不能忽视，因为"咖啡"总能和"时尚""前卫""文艺"这些词联系在一起，因此独立咖啡馆需要有一个抓人眼球的视觉传达系统。什么才是抓人眼球的视觉传达系统？如何才能做一套抓人眼球的视觉传达系统呢？我虽然不能帮你做一套视觉传达系统，但是我的经验可以给你拿去借鉴。

07

7.1 "阿布阿布"名字和 Logo 的由来

我经营的咖啡馆叫阿布阿布咖啡馆，从 2009 年起一直叫到现在，没有改过名字。阿布阿布咖啡馆的 Logo 是一只长颈鹿和一只猫头鹰的剪影，自 2012 年起开始使用至今。

"阿布阿布"这个名字虽然算不得朗朗上口，但读起来颇有些俏皮，加之字形简单，让人一下子就能记住。长颈鹿和猫头鹰这两种动物本来就为大众喜闻乐见，做成剪影效果的 Logo 图案更是简洁而有冲击力，抓人眼球，只要见过一次就能牢牢记得。

仗着简单明了的名字和 Logo，阿布阿布咖啡馆顺利经营了 8 年，如果不出意外，可能会成为一家百年老店吧。

最早有开咖啡馆的打算时，就开始想名字，一个好名字能让一家咖啡馆更加吸引人。当时想过什么名字倒不记得了，只记得每天都在想名字，想到头疼，就差去路边的周易起名馆花钱起个名字了。

那段时间真的是魔障了，听到什么好听的词语都会细细琢磨，看适合不适合用在咖啡馆的名字上，后来都不管是不是好听了，但凡是个有意思的词都要去考虑考虑。再后来不知怎么的就听电视里传来一声"Abu"，因为我当时并没有看电视，只是隐约听到这么一声，听得也不够真切，但我就觉得是"Abu"这个读音，而且感觉挺好听的，也不去纠结是不是"Abu"这个读音，也不去纠结到底是哪两个字，总之，就是"阿布"了。

叫"阿布咖啡馆"？感觉还行，但总觉得少点什么。少点儿什么呢？我冥思苦想了一阵子，嘴里不停地念叨"阿布""阿布""阿布""阿布""阿布""阿布"……节奏变化一下，"阿布阿布"，还挺顺口的，"阿布阿布咖啡馆"，也挺顺口。于是就定下"阿布阿布咖啡馆"这个名字了，这在装修之前就定下来了。很多朋友听说我要开的咖啡馆叫"阿布阿布咖啡馆"，他们都说这个名字有国际范儿，嗯，我也这么觉得。

Tips：给咖啡馆起名字要朗朗上口，不能念起来有歧义，不能念起来不通顺，最好不要有生僻字，也不要太恶俗。起英文名没有问题，但是最好要有中文译名，音译、意译都可以，中文名字还是更利于传播。

有了名字就得有 Logo，这就像太阳从东边升起来一样没有什么道理好讲。有了"阿布阿布"这么国际范儿的名字，怎么也得有一个国际范儿的 Logo 啊。我当年还不会做平面设计，便请了学服装设计的吴可姐姐给做了一个 Logo，吴可姐姐也不含糊，Logo、名片、会员卡一并设计了。Logo 的主体是一把虹吸壶，虹吸壶外面加了一个月牙形的外框，还有一行字写着 "The Coffee ABU-ABU"。这个英文名"The Coffee ABU-ABU"是吴可姐姐自己捏造的，我当时想用"Abu-Abu Cafe"，无奈吴可姐姐已经做好了，我也没请她修改。这个虹吸壶的 Logo 用了将近两年，不过那个时候需要用到 Logo 的场合比较少，见过这个 Logo 的客人也不多，大部分客人都认为阿布阿布咖啡馆没有 Logo。

阿布阿布咖啡馆的第一任店员珂大侠曾经尝试过重新做一个 Logo，不过她是学工业设计的，在设计 Logo 这个技术层面上还不如做服装设计的，只是画了一个咖啡杯的草图就匆匆作罢。

2011 年我和苏娘娘登记结婚，在去度蜜月的路上我随意画了一个草图，这个草图奠定了阿布阿布咖啡馆新 Logo 的基础。

我坐飞机不习惯睡觉，看着身边的苏娘娘睡得很香，我只能看着舷窗外面发呆。窗外的太阳很耀眼，而我那时还未坐过夜航班，听坐过夜航班的朋友说夜里能看到星星，我好生羡慕，一直盼望坐一次夜航班；而据说更神奇的是飞机可以追着太阳飞，把黑夜永远甩在身后，我在想如果飞机沿着晨昏线飞呢？

是不是就是一边是白天，一边是黑夜了？我就这么胡思乱想着，摸摸口袋里，有一支黑色水笔，于是就想把这个场景画下来。当时苏娘娘手里捏着一张纸巾，我一看还算干净，就轻轻地抽出来，趴在小桌板上画了起来。

我先画了一个圆圈，从中间一分两半，左边画了一个太阳，右边画了一个月牙，给太阳画上眼睛、嘴巴、胡子、皱纹，给月亮画上眼睛、鼻子、笑脸，给太阳涂上黑色，给月亮的背景涂上黑色。我越画越起劲，圆圈外面再加一层圆圈，两层圆圈中间写下 "Abu is Anna, Abu is Yoovic, Abu is Echo, Abu is everyone." Anna 是苏娘娘的英文名，Yoovic 是我的电子邮箱 ID，Echo 是珂大侠的英文名。这句话的来历是当初很多客人来店里都要问 "阿布是谁"，珂大侠的固定回答是："我们这里没有叫阿布的人，每一个来这里的人都可以是阿布。"

哎，这不就是一个 Logo 嘛！

在我画得起劲的时候，苏娘娘已经醒了并且盯着看了我好久。她看着我像个傻子一样在卫生纸上写写画画，实在不忍心打扰我。我兴致勃勃地跟苏娘娘讲我的画，讲我的创意，苏娘娘撇撇嘴。我说那当作 Logo 怎么样？苏娘娘说为什么是太阳和月亮？为什么不能是两个小动物？

哦，当然可以是两个小动物啊！

那用两个什么小动物呢？算了，我也别问苏娘娘了，她的选择困难症若是犯了，估计这个新 Logo 一年半载是画不出来的。我列了八种我认为比较文艺的动物：长颈鹿、猫头鹰、鹦鹉、大象、海马、老虎、斑马、章鱼。度完蜜月回到家，我在阿布阿布咖啡馆的会员群里发起了一个投票，请大家在八个候选动物中选出两个最喜欢的动物，我会参考大家的投票结果制作咖啡馆的新 Logo——不是取前两名，而是参考投票结果。

经过激烈的投票与讨论，大家选出的第一名是猫头鹰，第二名是鹦鹉，第三名是长颈鹿。我和苏娘娘商议，如果按照投票结果来看，猫头鹰和鹦鹉都是鸟类，不太合适放在一起；如果用第三名的长颈鹿替换掉第二名的鹦鹉，结果就是猫头鹰和长颈鹿，这样就比较搭。我和苏娘娘一拍即合，宣布经过投票，阿布阿布咖啡馆的新 Logo 会采用猫头鹰和长颈鹿的搭配。在全部参与投票的会员中，只有资深会员默默一个人同时把票投给了猫头鹰和长颈鹿，我们送给了默默一份小礼物——现在看来，我们送的这份小礼物太轻了。

然后就是我和店员杨鹏共同设计制作了这个 Logo。Logo 整体呈圆形，配色选用了咖啡色，内圈是以剪影的形式呈现的长颈鹿和猫头鹰的形象，外圈是两行字，上半圈是"ABU-ABU CAFÉ"，下半圈是"Abu is Anna，Abu is Echo，Abu is everyone."这个 Logo 看起来像是一个咖啡馆的 Logo 了，一出现就得到了广大会员的认可。

Tips：被公认为优秀的 Logo 总是有一些相似点的：精美独特、简洁大方、便于记忆、富有意义、便于运用。至于传播企业经营理念、体现企业文化等，都是更高层次的了。我们闭上眼睛想一想，公认的优秀的 Logo 是不是都符合这些要求？

新 Logo 用了一年以后，我对配色进行了调整，外圈改为了墨绿色，内圈改为了黑色，这样内圈的剪影更突出了。外圈的字也改了，把下面那句复杂的话改成了"SINCE 2009"，一家运营了三年的咖啡馆，可以谈谈历史了。

新 Logo 经过微调，就更像 Logo 了。修改之后的 Logo 被我四处使用，长颈鹿和猫头鹰的剪影一下子就深入人心了。

还是这一年，我请郑州本土的一位新锐插画师 Stop 给阿布阿布咖啡馆的长颈鹿和猫头鹰画了卡通形象的插画，并且印制了新版的会员卡。

2015 年阿布阿布咖啡馆重新装修，Logo 也做了相应的改变，去掉了外圈，只保留内圈长颈鹿和猫头鹰的剪影，颜色也改为橙色。橙色是温暖的颜色，也是最具王者气质的颜色，开在写字楼里的阿布阿布咖啡馆国贸中心店给人呈现的就是一种家一样的温馨的感觉，橙色的 Logo 显得很和谐。

2016 年阿布阿布咖啡馆搬到西元广场，Logo 的颜色改为蓝色。蓝色是安静的颜色，是理智的颜色，开在 Shopping Mall 的阿布阿布咖啡馆西元广场店给人呈现的是一种快节奏的、优质的产品，蓝色的 Logo 就非常合适。

新 Logo 去掉外圈之后，可以应用的地方就更多了，特别是在西元广场，所有饮品都使用外带杯出品，纯白色的纸杯上帖一枚蓝色的 Logo 标签，很大气。

Tips：一家企业的 Logo 不是一成不变的，是要随着企业的发展、时代的变迁进行变化的。去看一看各大品牌 Logo 的演变史，我们不难发现，一个优秀的 Logo 不论怎么变迁，都是优秀的且符合时代特征的。

我很少在公开场合讲这些，只有关系不错的朋友问起来了，我才会告诉他们"阿布阿布"这个名字是怎么起的，阿布阿布咖啡馆的 Logo 是怎么设计的。既然有机会跟大家分享这个故事，我就毫无保留地讲了。

现在做餐饮都流行讲品牌故事，阿布阿布的品牌故事就是这样的。我希望每一个即将开咖啡馆的朋友或已经开了咖啡馆的朋友都能讲好自己的品牌故事。

7.2　长颈鹿和猫头鹰的故事

阿布阿布咖啡馆的 Logo 是长颈鹿和猫头鹰的剪影图案，这两只动物是会员投票选出来的，因为备选动物本就是我非常喜欢的动物，现在长颈鹿和猫头鹰脱颖而出，我就"不得不"更加喜欢长颈鹿和猫头鹰了。

长颈鹿是一种生长在非洲的反刍偶蹄动物，拉丁文名字的意思是"长着豹纹的骆驼"，它是世界上现存最高的陆生动物。长颈鹿原产地在东非的埃塞俄比亚和索马里一带，而咖啡也起源于东非高原的埃塞俄比亚。

猫头鹰是鸮形目鸟类的统称，因其双目的分布、面盘和耳羽使鸮形目鸟类的头部与猫极其相似，故俗称猫头鹰。猫头鹰的总数超过 130 余种，是全世界分布最广的现存鸟类之一，在除南极洲以外所有的大洲都有分布。而咖啡作为世界第一大饮料、仅次于石油的世界第二大交易品，全世界人民都在饮用。

阿布阿布咖啡馆有一只长颈鹿布偶和好多猫头鹰玩偶，那只长颈鹿布偶我随身带着，每天给它拍一张照片，做 365Day（365Day 是一个豆瓣小组，要求组员每天拍一张照片）的拍摄计划；我给每只猫头鹰玩偶都拍了"定妆照"，再用 Photoshop 软件做图，模仿了很多经典电影海报。

Tips: 视觉传达系统也包含吉祥物这一项，拥有吉祥物的独立咖啡馆有很多，但吉祥物绝对不能是随便找一只动物或有什么就可以的，一定要有寓意，要有积极正面的形象，要有故事，要利于制作周边产品。这样的吉祥物才能更好地为咖啡馆的营销推广服务。

2012 年夏天，我去厦门旅行，在鼓浪屿见到了好多卖猫头鹰石雕的商店。据那些店家讲：猫头鹰在我国台湾地区被称为神鸟，家中摆放猫头鹰有吉祥的美好寓意；石雕是闽南地区的特色手工艺，工匠把猫头鹰和石雕结合在一起就雕刻成了萌萌的猫头鹰石雕。听完店家的介绍，我买了一件猫头鹰陶器——因为石雕太沉了，可是陶器易碎，我时时刻刻小心翼翼地捧着它。见过这只猫头鹰陶器的朋友们都知道，它足足有一个小西瓜那么大。小心翼翼地把这只猫头鹰陶器运送到阿布阿布咖啡馆后，它就一直在吧台上摆着。这是阿布阿布咖啡馆的第一只猫头鹰，一只来自厦门鼓浪屿的墨绿色的陶制猫头鹰摆件。

2013 年清明节假期，我取道北京去天津参加大学同学陈卓的婚礼，转车的空隙去了一趟潘家园旧货市场。逛到一个不起眼的小摊上，摊主并没有主动与我搭话，他卖的东西一眼看上去就不是老物件，顶多四五十年光景，但是吸引我的却是一只铜錾的猫头鹰摆件——核桃大小，做工精美，镶嵌了两只黄色石头做的眼睛。这只铜錾的猫头鹰摆件是阿布阿布咖啡馆的第二只猫头鹰。

出门旅行买猫头鹰成了我和苏娘娘的习惯，我俩在旅行中买了不少猫头鹰摆件、挂件、布偶。朋友们知道我喜欢猫头鹰，出门旅行也都会给我带猫头鹰回来，天南海北、世界各地到处都有。会做手工的朋友们也将亲手做的猫头鹰送给我，尤其是昂昂，拆了自己小时候的衣服，亲手缝了一只巨大的猫头鹰布偶送给我，令我感动不已。

这么多猫头鹰里我最喜欢的还是在潘家园淘的那个铜錾的猫头鹰。每当有朋友出国旅行，我都会让朋友带着它一起去，为它在世界各地拍照。这个创意来自电影《天使爱美丽》，爱美丽把她父亲的小矮人交给她的朋友去环游世界，所以她父亲经常能收到来自世界各地的明信片。这只猫头鹰跟着我的朋友们去过土耳其、泰国、奥地利、比利时、德国、法国、荷兰、捷克、西班牙、意大利、英国、马来西亚、日本、美国……在每个地方都留下了美好的回忆。

它最后一次走出国门是跟着 Vicky 去邮轮上工作，Vicky 带着它去了很多国家，2016 年的一天，Vicky 哭着跟我说她在日本福冈靠港，她的室友想带着猫头鹰下船去拍照，她同意了，结果室友把猫头鹰给弄丢了。知道这个消息之后我很伤心，但是我没有埋怨 Vicky，也没有埋怨她的室友，既然做这个环游世界的活动，就要承担猫头鹰丢失的风险，我有这个心理准备。Vicky 的运气也真是差，在这之前她的相机在泰国被盗，给猫头鹰拍的照片全没了，结果这次连猫头鹰都没了。

于是，猫头鹰环游世界的活动就此结束。其余的猫头鹰都在我的看护之下"茁壮成长"，再没有离开我。

2017 年 4 月，郑州纸的时代书店为我的猫头鹰玩偶们办了一场展览：《进击的猫头鹰——西郊小武的猫头鹰玩偶收藏展》，这也是我第一次把所有猫头鹰玩偶拿出来一起展览。展品除了猫头鹰摆件，还有我翻拍的经典电影海报——主角都换成了我的猫头鹰们。

我收藏的猫头鹰玩偶有多少只我也没数过，因为数量一直在增多。韩国首尔有个私人的猫头鹰博物馆，昂昂在韩国读书时还专门去看了看，说里面有好多好多猫头鹰的玩偶、摆件、图画……馆主老夫妇自己出版了猫头鹰的故事绘本，昂昂买了一本送给我，还请老馆主在扉页题了汉字："其名曰富贵，必是堆金积玉。阿布阿布咖啡馆。"

首尔的猫头鹰博物馆有 3 000 多件藏品，我还差 2 900 多件就够做一个郑州的猫头鹰博物馆了。

Tips：英国有一家叫 the elephant house 的咖啡馆，因为罗琳阿姨在这里完成《哈利·波特》系列小说的创作而闻名。其实这家咖啡馆在哈利·波特之前就因为老板收藏了很多大象摆件在店里陈设而走红。类似的独立咖啡馆还有很多，阿布阿布咖啡馆也是其中之一。如果设定了吉祥物，就要把吉祥物运用到极致。

讲长颈鹿的故事要先讲瓦力的故事，讲瓦力的故事要先讲我的好朋友哪吒老师，讲哪吒老师要先讲知乎上的一个问题。

知乎上有一个问题邀请我回答，题目是"长期坚持做一件事是一种什么样的体验"。

恰好那天我去万象城参观了我的好朋友哪吒老师的《瓦力城市漫游记》摄影展，他从 2011 年起就带着一只电影《机器人总动员》里机器人瓦力的布偶拍照，坚持每天给瓦力拍一张照片，拍他生活着的郑州。之所以说是拍他生活着的郑州，是因为他拍东西的视角与别人不同，很独特，他就这么每天坚持拍，拍了五年多，拍了 2 000 多天，拍了 2 000 多张照片，每一张的主角都是瓦力。终于，有人给他办了摄影展，他所做的事情也被越来越多的人所熟知。或许从哪吒老师来讲，坚持的意义就是用他自己的镜头记录我们生活着的城市的一点一滴的变迁，他就是历史的记录者。

2012 年年底之前那段时间，我很焦躁，需要寻求心理慰藉。那时候我天天追《瓦力城市漫游记》的更新，也算是对日子有个盼头。后来我想我为什么不自己拍呢？好歹我也是"专业的"业余摄影爱好者啊，我也有单反啊，我也会扫街啊。我跟哪吒老师说了我的想法，他很支持，也给了我一些拍摄建议。我在网上淘了一只粉红色的长颈鹿布偶，从 2013 年的元旦节起开始了我的"长颈鹿阿布流浪记"主题摄影。

这一拍就是四年多。长颈鹿前后一共换了三只，第一只脖子断了，第二只丢了，第三只就是现在一直在拍照的这只。2017 年 5 月 31 日，我给长颈鹿拍了一幅宣传世界无烟日的照片，然后发表了一条早已准备好的声明："自明日（2017 年 6 月 1 日）起，无限期停止更新"长颈鹿阿布流浪记"之 365Day 拍摄计划，"长颈鹿阿布流浪记"将以全新形式呈现。特此声明，希望各位朋友理解。"给长颈鹿连续拍照的天数停止在了第 1 612 天。

写下这段话是需要勇气的，在这段话的背后我承受了太多的压力，每天都需要付出大量的精力、挖空心思去想给长颈鹿拍照的事情。365Day 我真的拍不动了，当我感觉拍不出好照片的时候就必须要放下。真正的朋友是会理解我的。

365Day 停止了，给长颈鹿拍照的事情我没有停止，我一直在给长颈鹿拍专题照，"二十四节气"专题；"城市·雕塑·长颈鹿"专题；"2017 有我的城市"专题；"吃光全郑州"专题……这都是之前想做但是受限于每天一张照片而不能做的拍摄计划。

没有了 365Day 的框框，我的"长颈鹿阿布流浪记"拍摄更加自由了，夸奖的朋友也更多了。

Tips：既然为咖啡馆选择了吉祥物，就应该充分利用好这个吉祥物，365Day 的拍摄计划不失为一个好选择。做这件事需要强大的毅力，有时候坚持每天拍照比坚持经营咖啡馆还累，不过 365Day 拍摄计划真的很有吸引力，营销效果非常好。

长颈鹿和猫头鹰既然被画在了阿布阿布咖啡馆的 Logo 上，那么就应该全心全意为阿布阿布咖啡馆服务。

这就是长颈鹿和猫头鹰的故事，往后，它们的故事还会更精彩。

7.3 让海报飞一会儿

"海报"是阿布阿布咖啡馆的一大特色，也是阿布阿布咖啡馆视觉传达系统的表现形式之一。据说"海报"一词最早出现在老上海，意思是戏剧、电影等演出或球赛等活动的招贴。老上海人通常把职业性的戏剧演出称为"海"，把从事职业性戏剧的表演称为"下海"，刊登剧目演出信息的具有宣传性的招徕顾客的张贴物，人们便把它叫作"海报"。

我作为业余平面设计师，也十分喜欢做海报，阿布阿布咖啡馆推出新产品要做海报，逢年过节要做海报，就连跟咖啡馆八竿子打不着的事儿，我心血来潮也会做一幅海报，闲来无事还会模仿经典电影海报翻拍猫头鹰版的海报。总之，一年到头，我会做很多幅海报。

Tips：1895 年 12 月 28 日，法国卢米埃尔兄弟在巴黎的一间餐厅里向 35 位观众放映了《火车到站》等短片，当时那张题为"卢米埃尔电影"的海报可能是世界上第一张电影海报。海报发展到今天，已经不单单局限于电影或者戏剧了，体育赛事、大型演出、社团活动、产品推广、文化宣传等，都会借助海报的形式来宣传。每个时代的海报都有每个时代鲜明的特色，海报也随着时代的推移，越做越精美。

我能找到的阿布阿布咖啡馆的第一幅海报是代售河南建业队主场球票的海报。我在一块特别大的白色板子上用黑笔在正中手绘了河南建业队徽的线稿，队徽下是一行大字标题："阿布阿布咖啡馆代售河南建业中超主场比赛球票"，标题下面排列写着每场比赛的时间和比赛对手：15 场中国足球协会超级联赛（中超）的比赛和 3 场亚洲足球俱乐部冠军联赛（亚冠）的比赛。

今天看来，这幅海报只起到了把事情说明白的作用，毫无美感可言。

刚开咖啡馆的时候做海报，还处于"招贴"的基础形式，类似于旧社会剧院门前的水牌，就是告知大家今天有什么。后来开始慢慢地对平面设计感兴趣，做海报的时候稍稍注意了一下排版，把字写好看，写工整，让海报不至于太丑。

Tips：海报是一种非常直接的宣传手段，一幅海报首先应该突出宣传事件的标题和内容，在此基础上再加上艺术的加工，抓人眼球，让人记住海报内容。

2012 年春节刚过，阿布阿布咖啡馆举办了苏娘娘的小本子收藏展。苏娘娘是一个"小本子收藏艺术家"，当时已经收藏了各种小本子 100 本，为纪念这 100 本，特举办了一场小本子收藏展。在筹备阶段，我为活动设计了海报。那时候恰好看到了一位设计师设计的老物件收藏展的海报，感觉那个设计风格、字体、配色、排版都特别棒，于是就做了个类似的海报，排版时就差一个像素一个像素地比着排版了。这是阿布阿布咖啡馆第一幅被夸好看的海报，却得益于抄袭。

2014 年秋天，阿布阿布咖啡馆推出了一款新的系列产品叫"闺蜜下午茶"，一共三种套餐，分别借用了三部电影的名字：《花与爱丽丝》、《牛仔裤的夏天》和《亲爱的伽利略》。为了拍这组海报真是兴师动众，请来了咖啡馆最美的客人——广宇和她的闺蜜稚旖。我决定闭店拍照，把阿布阿布咖啡馆搞的跟电影片场一样，来来回回折腾了一下午，把两位姑娘累得够呛。折腾归折腾，累归累，海报出来的效果非常好，"闺蜜下午茶"也因为海报的设计精美而热销。

2015 年阿布阿布咖啡馆重新装修之后，我的海报设计水平也升级了。我研习了很多大公司的海报，发现大公司的每一幅海报都有统一的水印，于是我也做了水印，放在每一幅海报相同的位置。

2016 年巴西里约奥运会期间，中国游泳队的傅园慧以一句"洪荒之力"让自己跻身网红之列，而这句"洪荒之力"也成为了 2016 年的十大流行语之一、十大新词之一、十大网络用语之一。我就趁势做了一幅题为"用洪荒之力做十元咖啡"的海报，主体是上古大神盘古用尽全力托起一只印有阿布阿布咖啡馆 Logo 的咖啡杯。恰逢阿布阿布咖啡馆刚刚定下了"十元现磨好咖啡"这句宣传语，十元咖啡的推广因此事半功倍。

2017 年元宵节，我过得太迷糊所以忘了这个节日，等我想起来的时候天都快黑了，元宵节就是要"月上柳梢头，人约黄昏后"，这眼看月亮就要上柳梢头了，人们都蠢蠢欲动要相约黄昏后了，如果元宵节的海报再不出来，就可以直接做端午节的了。时间就是生命。我硬是凭借着多年积累的素材和经验，不到半个小时的时间做了一幅元宵节的海报，发在朋友圈里也是点赞无数。

Tips：海报对于营销推广的作用非常重要，独立咖啡馆的重要活动、新品上线等都需要通过海报的形式来宣传，同时一些看似和咖啡馆无关的重要节日、重要新闻事件也要做海报，这叫"借势营销"，很多大品牌的文案在这方面做得都非常好，值得借鉴。想把海报做好，日常积累很重要，我熟识的平面设计师几乎都有收集素材的习惯，只有平日积累得多了，才能抓住转瞬即逝的热点，做成功的营销行为。

2016 年阿布阿布咖啡馆搬到西元广场，与纸的时代书店做邻居，我经常在书店一坐就是半天，贪婪地看各种设计类的书。

通过不断学习，我做海报的水平与日俱增。

阿布阿布咖啡馆西元广场店开业，我设计了一幅类似街头牛皮癣小广告似的海报。海报上除了醒目的"十元现磨好咖啡"七个大字，最明显的就是 23 种在网络上流行的"二次元病"，比如拖延症、强迫症、社交恐惧症、手机依赖症、选择恐惧症等。把"十元现磨好咖啡"的理念与牛皮癣小广告的形式完美融合，给人营造一种"咖啡到病除"的感觉。

海报设计出来后，我专门找印刷厂用质量最差的双胶纸印刷，还采用了"套红"印刷，印出来的海报吹弹可破，与街头牛皮癣小广告无异。我拿着海报在西元广场里里外外四处散发。西元广场的工作人员跟我开玩笑说："商场里里外外到处都飞舞着你家的小广告！不过挺有创意的。"

我说："让我的小广告飞一会儿。"

每一个拿到牛皮癣小广告的人都会认真地看一看，然后会心一笑，甚至还有互相讨论各自有什么"病"的。因为海报内容相对有代入感，所以效果就显得非常好，新店的宣传效果就达到了。

Tips：海报做得再好，没人看也是白费，一幅好的海报还需要一个好的平台来展示。如果没有合适的"宣传栏"来供我们"张贴海报"，那我们就需要自己造一个"宣传栏"。网络上充斥着各种无用的信息，很多时候发在微博、朋友圈里的海报就如石沉大海得不到回应，这时候我们就需要开阔思路，找到更好的途径让海报"飞"起来。

人们都会审美疲劳，尤其是在这个信息大爆炸的时代，每个人每天都会主动或被动接收大量信息，其中垃圾信息占比大得惊人，这些垃圾信息同时也加重了人们的审美疲劳。如果大家对我设计的海报审美疲劳了，我的咖啡事业就做不下去了。为了让大家不存在审美疲劳，我必须坚持学习，提升设计海报的水平。

经营咖啡馆这么多年，设计过的海报太多太多，而每一幅海报背后都有一段往事值得诉说，无奈篇幅有限，时间有限。

虽然很难通过量化海报文化为阿布阿布咖啡馆带来了多少利润来强调海报的重要性，但我知道海报文化让阿布阿布咖啡馆的视觉传达系统更加整体化了。

7.4 开一家咖啡馆需要什么样的视觉识别系统？

视觉识别系统即 VI（visual identity），它是以标志（Logo）、标准字、标准色为核心展开的完整的、系统的视觉表达体系。将企业理念、企业文化、服务内容、企业规范等抽象概念转换为具体符号，塑造出独特的企业形象，包括但不限于企业名称、企业标志、企业造型、标准字、标准色、象征图案、宣传口号等。

比如我说出一家连锁咖啡店的名字，你马上就会想到它的 Logo、主色调、门头样式、广告语等，这些都属于视觉识别系统，大企业往往更重视视觉识别系统。如果我要你说出一家你最常去的独立咖啡馆的名字，你能立马上想到它的 Logo、主色调、门头样式、广告语吗？恐怕很难，因为小企业往往会忽略这些。

我去过很多独立咖啡馆，有非常完整视觉识别系统的非常少，大多独立咖啡馆的所谓的视觉识别其实就是一个 Logo，连标准色都没有，根本谈不上系统。

华人创意教父、知名创意设计师包益民在 TED Talks 演讲时提到一个叫"crocozing 艾巧克"的咖啡店，Logo 算难得一见的优秀，用的是希腊神话中倒巧克力女神的形象，可是倒闭了；而我们都熟悉的旺旺的 **Logo** 非常丑，但这个公司非常赚钱，产品热卖。包益民并不是说 **Logo** 和盈利没有关系，而是要告诉我们一个好的 **Logo** 要和企业息息相关。**Logo** 尚且如此，视觉识别系统更是要符合企业的产品特征。

Tips：独立咖啡馆算不得什么大企业，也没有连锁咖啡店那样的规模，不论资金量还是受众人群的数量也都比不上连锁咖啡店，但是因此独立咖啡馆的视觉识别系统就可以被忽略吗？当然不是！独立咖啡馆想在广阔的咖啡商战中立于不败之地，更需要一套成熟的视觉识别系统来为自己增色。

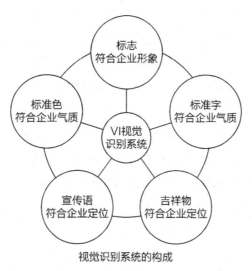

视觉识别系统的构成

我经营阿布阿布咖啡馆八年来，看过太多太多的独立咖啡馆，一线城市的独立咖啡馆大多有比较完整的视觉识别系统，差一些的也都有相对统一的视觉识别系统；二线、三线城市次之，但已经有越来越多的独立咖啡馆开始意识到视觉识别系统的重要性，差一些的也会有一个像模像样的 **Logo**；到了四线、五线城市，还有相当多的独立咖啡馆在起名字的时候"蹭热点""蹭大牌"，在网上随意找一个图案稍稍修改（也有不改的）当作 **Logo**，成型的视觉识别系统的独立咖啡馆少之又少。

我不是说四线、五线城市的独立咖啡馆在视觉识别系统这方面做得不好，在这些城市做独立咖啡馆的老板们也有自己的苦衷，毕竟城市的规模、经济、人口都比不上一线城市、二线城市，如果像一线城市的独立咖啡馆那样做视觉识别系统反而曲高和寡，不如接地气一些来得实惠。但是接地气也要有接地气的玩法，一套规整的、符合店铺气质的视觉识别系统依然会带来客流量，我曾在一个小县城见过一家独立咖啡馆，视觉识别系统设计得很棒、很接地气，生意很火爆。

二线、三线城市在城市规模、经济、人口等方面比一线城市不足，比四线、五线城市有余，夹在中间，其实很艰难。二线、三线城市的独立咖啡馆像一线城市的独立咖啡馆那样做视觉识别系统，显得有些不接地气；像四线、五线城市那样做，又显得太落伍。我认识的很多在二线、三线城市经营独立咖啡馆的经营者们都向我表达过这样的困惑。翻看一下二线三线城市的名单，其实这些城市都有各自鲜明的"城市文化"，独立咖啡馆想接地气，就要嫁接城市文化，最近还有一个词比较流行，叫"城市亚文化"。什么是城市亚文化，还很难用语言来描述，我认为独立咖啡馆就属于城市亚文化，对于二线、三线城市而言，独立咖啡馆的视觉识别系统反而是应该最好设计的。

Tips：说到"接地气"，一家独立咖啡馆扎根于一座城市，就要在视觉识别系统的设计上考量城市亚文化，这样才能让城市本地消费者形成认同感。说到"落伍"，一家独立咖啡馆还是要有一些独特气质的，不能为了接地气而接地气，毕竟独立咖啡馆不同于夜市地摊，不必太市井，这在设计视觉识别系统时也是需要考虑的。

视觉识别系统包含的内容非常多，对于一家独立咖啡馆而言，完整的视觉识别系统至少包括名称、标志、标准字、标准色、宣传语、吉祥物。

以我的阿布阿布咖啡馆为例，名称是中文的"阿布阿布"和拉丁文的"ABU-ABU"，标志是圆形的长颈鹿与猫头鹰剪影图案，标准字是经过字体设计的"阿布阿布"和"ABU-ABU"，标准色是蓝色（C80，M30，Y0，K0），宣传语是"十元现磨好咖啡"，吉祥物是长颈鹿和猫头鹰。

设计好的视觉识别系统是需要应用的，独立咖啡馆的识别视觉系统可以应用在以下这些地方：外部建筑环境、内部建筑环境、员工服装服饰、产品及包装、印刷品等。

以我的阿布阿布咖啡馆西元广场店为例，店铺门头为黑底，印刷蓝色标志和白色双语文字名称"阿布阿布咖啡""ABU-ABU COFFEE"。内部设计以黑白灰色为主色，点缀蓝色。所有员工统一穿黑色围裙，在左胸口佩戴印有蓝色标志图案的姓名牌。咖啡杯以及其他产品外包装都印有蓝色标志图案。卡片、宣传单、海报都在固定位置印有蓝色标志图案、白色文字名称、白色文字宣传语。

Tips：视觉识别系统称之为系统，必然是一个整体，各个环节要相辅相成，不能太过独立。独立咖啡馆在设计视觉识别系统时最好找专业的设计师来设计，如果没有学过设计，最好不要自己去设计。

一家独立咖啡馆在设计视觉识别系统时要注意几点：简单、个性、新颖、响亮、巧妙。

不论名称还是标志，都要简单。名字的字形要简单，读音也要简单。郭德纲老师和于谦老师的相声作品《学电台》中调侃了一款"白日依山尽黄河入海流欲穷千里目更上一层楼"牌药膏，在相声中这么说，郭德纲老师是为了体现自己嘴皮子利索，在现实生活中如果真有这么一款药膏，等消费者把药名念完估计就"无药可救"了。

标志要简单，图案要简单，配色也要简单，还要便于运用。我有一个朋友在开店之前花费不菲请平面设计师设计了一款Logo，非常酷炫，谁看了都说好看；室内设计师在做室内设计时却对这个酷炫的Logo头疼不已，因为图案太复杂，在运用时就变得很困难，朋友想要金属质感的美式工业风的设计风格，但是这个Logo中到处是复杂的曲线，粗犷的金属做不到这么精细和复杂，朋友很头疼。

独立咖啡馆相对于连锁咖啡店本就是一种个性化的存在，所以视觉识别系统也要个性，要避免"蹭大牌"或者被人误以为要"蹭大牌"，还要避免使用容易引起歧义的名字和标志。

一个富有新鲜感、创意感的名字才有可能是独特的，所以视觉识别系统在设计时要新颖。一套全新的视觉识别系统容易被别人模仿，而且也有可能不被大众接受，特别是小规模的独立咖啡馆，更容易出现这种情况，所以在视觉识别系统推出之后要加紧宣传，早日让大众接受。

一个朗朗上口的名字是很有必要的，一条朗朗上口的宣传语也更便于被广泛传播，闭上眼睛想一想，几乎所有你熟悉的大品牌都有一条脍炙人口的宣传语。独立咖啡馆的宣传语也要在个性、新颖的基础上响亮、朗朗上口。

大众消费者都喜欢联想，巧妙地利用这种心理现象，使独立咖啡馆的名称、吉祥物等给人以美好、吉利、优雅等多方面的暗示和联想，能较好地反映出一家独立咖啡馆的品位，在市场竞争中给消费者好的印象。

Tips: 优秀的视觉识别系统我们见得太多，失败的视觉识别系统我们也见过不少。独立咖啡馆在设计视觉识别系统时一定要注意简单、个性、新颖、响亮、巧妙这五点，缺一不可。不简单就不容易被传播、不个性就不容易被铭记、不新颖就不容易被传承、不响亮就不容易记忆、不巧妙就不容易被赞许。

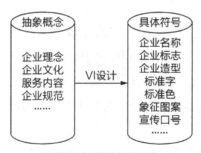

视觉识别系统的设计目的

在设计视觉识别系统时有几个基本原则：统一性、差异性、有效性、审美性。

一套视觉识别系统应该是统一的，在设计时要用简化、统一、系列、组合、通用等手法对独立咖啡馆的形象进行综合地塑形。举个例子：有一家独立咖啡馆叫"时间咖啡馆"，在设计标志的时候就要考虑"时间"的元素，钟表、圆形、指针、刻度等，在选择标准色时也要考虑"时间"元素，选择代表精准、刻板、严谨的冷色调，在设计宣传语时也应该参考"时间"元素，比如"时间咖啡馆让时间慢下来"等，吉祥物也要参考"时间"元素，如果是动物可以用蜗牛，如果是抽象物可以用卡通化的齿轮。反过来看，如果这家名叫"时间咖啡馆"的独立咖啡馆，Logo是一只张开大嘴的鳄鱼的剪影，主色调是大红色，宣传语是"时间咖啡馆，咖啡就是好喝"，吉祥物是一只长了眼睛和嘴巴的圆规，这家咖啡馆你愿意去消费吗？

差异性就是要体现个性，在视觉识别系统层面体现出与别的独立咖啡馆的不同。别人叫"时间咖啡馆"，我就不能再叫"时间咖啡馆"，也不能叫"时光咖啡馆""时刻咖啡馆"，如果还想用"时间"的元素，可以叫"隙咖啡"，标志和吉祥物都可以是白马，主色调是白色，可以加入蓝色和紫色，宣传语可以是"人生天地间，若咖啡之过隙"。经过我这么一包装，"隙咖啡"是不是比"时间咖啡馆"要个性很多？

有效性是视觉识别系统中最容易被忽略的，不仅独立咖啡馆，很多大品牌也喜欢蹭热点，蹭热点是很好的营销方式，但是一套视觉识别系统也来蹭热点，等热点过去了，视觉识别系统的有效性就很差了。继续用"时间咖啡馆"举例子，里约奥运会期间，傅园慧一句"洪荒之力"为 2016 年造出一句网络流行语，一时间到处都是"洪荒之力"，借势营销没问题，但是如果一家本想叫"时间咖啡馆"的独立咖啡馆起名叫了"洪荒咖啡馆"——"洪荒"也算是能与"时间"搭上边，借助"洪荒之力"来设计视觉识别系统，花费了大量的财力、精力，一旦"洪荒之力"一词早已过时，那么这家"洪荒咖啡馆"也就跟着过时了。

审美性毋庸赘言，这是视觉识别系统的基础。一家独立咖啡馆的视觉识别系统如果连"美"都算不上，那这家咖啡馆的咖啡估计也就那么回事了。这里的"审美"最好还是大众审美，如果是小众审美，还是慎重为妙。

Tips：一套优秀的视觉识别系统绝不是三笔两笔就能设计出来的，简单图形的背后一定有一个反复斟酌的过程。在设计视觉识别系统时要严格遵循统一性、差异性、有效性、审美性这四项原则，在这个大框架下才能设计出优秀的视觉识别系统。

视觉识别系统是一个大工程，对于独立咖啡馆而言，不必像大企业、连锁品牌那样使用一套很复杂的视觉识别系统，需要根据自身特色来灵活运用，尤其是"设计费"这一因素，一定要控制在预算范围内。我身边有很多活生生的例子：独立咖啡馆在视觉识别系统的设计费上花超了预算，于是在购买吧台设备时只能压缩费用，继而因为设备不到位而导致制作产品时捉襟见肘，结果导致视觉识别系统还没有带来效益，咖啡馆就倒闭了。

第 8 章

那些难管的店员们

如果说老板是独立咖啡馆的灵魂,那么员工就是咖啡馆的血脉。人物之所以鲜活,是因为有血有肉。因此,员工是独立咖啡馆最不能忽视的环节。独立咖啡馆的员工都有鲜明的个性,都"很难管",那么在独立咖啡馆的日常经营管理中,如何才能让员工"遵守规定"又"有创造力"地工作? 这个问题关系到一家独立咖啡馆的成败。

08

8.1 第一任店员叫珂大侠

今年 8 月 24 日，我发了一条朋友圈："今天是我的老妹儿珂大侠的 18 岁生日，珂大侠是阿布阿布咖啡馆的第一个店员，没有她就没有阿布阿布咖啡馆的今天。让我们一起祝珂大侠生日快乐，预备，唱：……"

珂大侠是我大学时的学妹，上大学时她的花名是艾珂，大学毕业刚来阿布阿布咖啡馆工作时，她的花名是某某珂，随着心态的膨胀，又把花名改成珂大侠。我发朋友圈的这个 8 月 24 日并不是她的 18 岁生日，我只是祝她永远年轻。

2009 年夏天珂大侠大学毕业，毕业后她没有找工作，而是在筹备考研，研究生考试结束她问我要不要店员，我考虑到我一个人有时候会忙不过来，有个帮手也好，于是珂大侠就成为了阿布阿布咖啡馆的首任店员。

因为珂大侠的到来，我这个"老板"才变得名副其实，不再是光杆司令。当时我是这样想的：私交归私交，工作归工作。下班时间我对珂大侠像春天般温暖，上班时间我对珂大侠像严冬一样残酷无情。

刚当老板没经验，在工作中就苦了珂大侠了。大学刚毕业还没积累到工作经验，就又遇到我这么一个二把刀的老板，每天的工作甚是郁闷，若非珂大侠是个没心没肺的姑娘，若非咖啡馆是个有趣的场所，我估计珂大侠早就跳槽了。

Tips: 很多刚开咖啡馆的朋友都会有一个"膨胀期"，喜欢"管理"员工，新官上任三把火，况且这还是自己的产业，不烧一烧怎么能体现做老板的威严呢？但这样做非常不好，容易打击员工的积极性，也会让咖啡馆的管理非常混乱。

当年有客人说珂大侠是阿布阿布咖啡馆的台柱子，对此我非常认同，那时候的客人没有一个不喜欢珂大侠的。有一个大学生花名叫作王猛，每个周末都要跑几十千米的路从学校来咖啡馆就为了跟珂大侠玩几局三国杀；还有一个大学生花名叫作王义，邀请珂大侠到他家乡去旅行，吃住都在他家里；还有张晨姑娘，花名叫作拾柒，几乎每天都泡在咖啡馆，和珂大侠有说不完的话，两人情同姐妹……类似的客人太多太多了，而且他们和珂大侠至今都保持联系。

那个时候阿布阿布咖啡馆的活动多，组个三国杀的局啊、组个狼人杀的局啊、放个电影啊、搞个品鉴会啊什么的，都是珂大侠主持，所以她在客人中有相当大的影响力。曾经有一个多月时间我没在店里，等我再回来时，俨然已经有人把珂大侠当成老板，把我当成客人了。

这个时候的珂大侠已经有些飘飘然了，而我也度过了初当老板的适应期，珂大侠越俎代庖，工作中对我吆五喝六，端着一杯咖啡在诸多客人之间左右逢源，而我则在吧台里辛辛苦苦地干活。

Tips: 咖啡馆是一个带有人文情怀的场所，员工需要把客人当作朋友来对待，而不是冷冰冰的买卖关系。培养员工的积极性就需要"放权"，给员工一定的施展空间，这样员工才能发挥更多的主观能动性。

珂大侠是学工业设计专业的，有一定的绘画基础，所以她来阿布阿布咖啡馆工作之后就担负起了手写菜单、出黑板报、设计活动海报的工作。几乎所有的客人都表扬过珂大侠写的菜单、画的板报、设计的海报。有赞扬就有自信，珂大侠的手绘水平逐步见长，创作欲望也与日俱增。

有一天她心血来潮，跟我说："你买了那么多外国邮票，拿出来让我给你画画吧？"她看上了我买的那套美国的泰迪熊邮票，她的意思是把邮票和插画结合，邮票贴在卡纸上，然后再按照邮票票面的图案画一幅插画。我半信半疑地把那一套四枚的泰迪熊 100 岁生日纪念邮票交给珂大侠，她小心翼翼地贴在卡纸上，然后刷刷刷几笔就画好了一幅插画，主题是泰迪熊过生日，一只巨大的泰迪熊，还有生日蛋糕和气球，邮票被巧妙地做成泰迪熊的相册，非常有童趣。

后来珂大侠又画了十几张邮票主题的插画贴在阿布阿布咖啡馆的墙上，早些年来过咖啡馆的客人一定都有印象，这些都是珂大侠的创作。

Tips：在咖啡馆的经营管理中，要根据员工的特长并充分利用，员工的创造力可以维护客户黏性，客户黏性又可以激励员工有更广阔的创造力。

时至今日，我和珂大侠还是学长与学妹的关系，似乎中间并没有过老板与雇员的关系。今天再回过头想想，我这个老板做得不够好，如果不是多了学妹这层身份，珂大侠恐怕早已撂挑子不干了。最开始的阿布阿布咖啡馆完全可以说是珂大侠一个人撑起来的，阿布阿布咖啡馆能够一步一步成长起来，是珂大侠奠定的基础，以及靠此后每一位店员付出的努力。而身为阿布阿布咖啡馆经营者的我，也是在与一代一代店员不断磨合下才积累出了管理的经验，多亏了珂大侠无条件地容忍我，我才能够更好地完成阿布阿布咖啡馆的管理工作。

Tips：咖啡馆是服务行业，尤其是独立咖啡馆，与离职的员工也要保持必要的联系，这样才能让客人对咖啡馆产生家的感觉。

我翻出2010年10月23日写过的一篇博客，这篇博客里描写的人物是珂大侠，或者可以说这就是珂大侠在阿布阿布咖啡馆工作时的一个缩影。

听说在一个阴沉的午后，她一个人无聊地坐在咖啡馆最不起眼的沙发上打麻将。没有光线照在她身上，周围都是黯淡的。

她最近似乎很喜欢打麻将，是那种纸牌麻将，玩儿起来没有声音。这天她是一个人玩儿。台灯是一家，手机是一家，咖啡杯是一家，她是一家。

她一个人玩儿得很开心。她喜欢睡觉，喜欢待在一个固定的地方，喜欢拖延。

8.2 独立咖啡馆也得要店长

独立咖啡馆之所以"独立"，和独立电影、独立音乐、独立书店一样，是带有创始人情怀、人文色彩浓郁的咖啡馆。从情怀角度讲，独立咖啡馆的有趣之处就在于各有特色；从商业角度讲，独立咖啡馆各自的特色也形成了经营的差异化，利于自身在市场中的生存。

阿布阿布咖啡馆作为一家独立咖啡馆，是带有明显的我的个人情怀的，也是带有浓郁的人文色彩的。而我在管理阿布阿布咖啡馆时，除了正式任命的店长，还有别的店员也做过类似店长的工作。

Tips: 有很多人不解，一家独立咖啡馆，老板每天都去店里"坐班"，总共没有几个店员，为什么非得设置一个店长呢？我认为设置店长这个职务对于独立咖啡馆来讲是非常有必要的。店长可以分担老板的一部分工作，也能够上传下达一些信息，比老板直接管理员工要更高效。

珂大侠在阿布阿布咖啡馆工作时的状态就已经很接近店长了，可惜的是店里只有她一个店员，店长一职也无从谈起。后来我临时有事去外地一段时间，珂大侠招聘了一个小伙子叫马帅，两个人在店里一起工作很开心，马帅对她言听计从，这个时候的珂大侠就像是店长了。因为我不在店里，她也能放开手脚去施展才华。只不过我没有正式任命她为店长。

珂大侠之后，苏娘娘就长期驻店工作了，也就顺便担负起了店长的工作。这个状态就和很多独立咖啡馆一样了，经营者亲自管理，与店员之间没有中间环节，直接沟通。那段时间苏娘娘管得非常好，我就慢慢地变得不操心了。也正是因为苏娘娘替我操心了，我才有精力钻研技术。

后来苏娘娘因为怀孕不能到咖啡馆工作，那段时期又同时经营着两家店，店员又纷纷闹辞职，我一个人忙得不可开交。我把所有工作捋顺，关了绿城百合店，只保留国贸中心店，状况才慢慢稳定下来。这时候我正式任命了阿布阿布咖啡馆史上的第一个店长卢金锋。

任命店长是听了王卉辛的建议，他看我每天都忙得焦头烂额的，而且想要标准化管理，最好是得有个店长；退而求其次，就算是不能标准化管理，我不能常去店里，店长就算是个看门人吧。

王卉辛的建议很有道理。我问他有没有推荐的，他说卢金锋很合适。当时王卉辛在筹备一家华夫饼店，卢金锋是王卉辛钦点的店长。因为华夫饼店还在筹备阶段，于是卢金锋先到阿布阿布咖啡馆挂职店长锻炼。

卢金锋真的很招人喜欢，嘴甜，拉花又好，刚一到阿布阿布咖啡馆就赢得了店员的尊重。因为卢金锋的到来，阿布阿布咖啡馆掀起了轰轰烈烈的拉花运动，所有店员都跟着卢金锋研习拉花，店员们拉花的水平都有不同程度的提高。那段时间给客人做咖啡的流程是在吧台萃取咖啡、蒸好牛奶，端到客人面前，当着客人的面做拉花。因此拿铁咖啡出杯量比之前多两到三倍。

老子曰："祸兮福之所倚，福兮祸之所伏。"卢金锋新官上任搞得风生水起，可是一段时间之后不论客人还是店员，大家都发现卢金锋就只有拉花这"一招鲜"，身为店长根本谈不上管理，很多本该店长做的工作还需要店员来替他操心，他反而充耳不闻窗外事，一心只拉组合花。卢金锋日常工作的状态是有客人就做咖啡，没客人就自己练拉花，咖啡豆和牛奶的损耗量直线上升，雇了个店长不仅工资支出多了，原材料支出也多了。而且拉花这种行为就是玩噱头，客人见了一次两次还有新鲜感，见得多了难免审美疲劳。一时间店里怨声载道，店员们纷纷抱怨店长该管的不管、不该管的乱管，客人也抱怨这个店长每天对客人爱答不理，不点拿铁就不做咖啡。我去找卢金锋谈话，找王卉辛说理，王卉辛又找卢金锋谈话。我很细致地跟卢金锋讲了店长应该做什么不应该做什么，卢金锋信誓旦旦地向我表达一定要痛改前非，好好工作。王卉辛也劝我，小伙年轻没经验，让我再培养培养。

卢金锋毕竟还是年轻，必须得一直敲打着才能好好工作，我稍一疏忽，他就又回到老样子了。好在王卉辛的华夫饼店如期开业，我把卢金锋交给王卉辛，卢金锋在阿布阿布咖啡馆的店长生涯就此结束。

Tips 店长是做管理工作的，不是做技术工作的。如果店长只懂技术，不懂管理，终究只是一个高级店员，算不得店长。因此独立咖啡馆选择店长，在管理和技术两个层面，要更侧重管理。

卢金锋走后的一段时间阿布阿布咖啡馆店员越来越少，最少的时候一个都没有，我和苏娘娘不得不从别处抽身来店里站吧台。直到 2015 年重修装修之后，我下定决心大干一场，一口气招了五个店员，并任命了秦媛来当店长。

秦媛是一个爱咖啡的漂亮姑娘，早些年读大学的时候就是阿布阿布咖啡馆的常客，大学还没毕业就去国际知名连锁大品牌咖啡店兼职做店员，做到大学毕业后转了全职店员，又通过品牌内部考试升任咖啡师。这个时候的秦媛看似前途一帆风顺，其实是到了一个岔路口：是在大品牌内部转去做管理，还是继续深入学习咖啡？做管理工资高，但是就离做咖啡越来越远；深入学习咖啡就需要放弃在大品牌打下的基础到大品牌之外的平台去发展。

我知道秦媛的顾虑之后，极力邀请她来阿布阿布咖啡馆工作。秦媛权衡再三，就放弃了大品牌，到阿布阿布咖啡馆这个独立品牌来了。

我邀请秦媛来当店长是看中了她在大品牌的工作经验。大品牌管理非常规范，店员的职业素养很高，秦媛又是一个极其自律的好青年，职业素养尤其高，我希望她能把她在大品牌养成的职业素养带到阿布阿布咖啡馆。

秦媛从拆旧装修就开始跟着我开展工作，新装修的设计、施工她一项不落地全跟了下来，装修好正式开业前秦媛跟我讨论了很多店长工作的细节内容，非常细致，非常认真。

能力是一方面，经验又是一方面。秦媛有能力但是没经验，前期管理的时候和店员们有过一些小摩擦，加之吧台里又都是女生，沟通起来难免有些扭扭捏捏，不好做到开诚布公。虽然我每天都会到店里，但是女生们的事情不愿意跟我说，我也不方便打听，有时候即使发现问题了，也放手让秦媛去解决，实在不行了，我再跟秦媛谈话，告诉她一些沟通的小技巧，让她去和员工沟通。

在技术层面，独立咖啡馆的出品标准和大品牌执行的出品标准完全不同。从全自动咖啡机出品到半自动咖啡机出品，秦媛很快就适应了，不仅自己能够熟练地操作，还能培训店员操作。秦媛工作期间我接了一单开店培训的工作交给秦媛来主持，安排一位店员给秦媛做辅助，秦媛非常完美地完成了培训工作。现如今那些参加过那场培训的咖啡师们见到秦媛还会尊称一声老师。

秦媛在阿布阿布咖啡馆工作了整整一年，直到阿布阿布咖啡馆国贸中心店闭店，我给她的工作打 80 分。秦媛顺利地完成了店长的工作，虽然有一些细节把握得不够好，也没能学会财务管理，但总体来说还是替我分担了很大一部分管理工作，品控和客服两项工作做得非常到位，日常的会员活动也开展得有声有色。

秦媛出色的工作解放了我的时间，同时也证明了独立咖啡馆还是需要店长这个岗位的。

Tips：独立咖啡馆的店长的职责是店里的基础管理工作，让老板有更多的时间和精力去处理更重要的工作。店长不能是老板的傀儡，也不能是老板的助理，而是一个有独立思想的管理者，只需要在大方向上与老板保持一致即可。老板既然任命了店长，就要放手让店长去开展工作，不然店长一职"名存实亡"，老板还是要忙到不可开交。

阿布阿布咖啡馆搬到西元广场之后就没有再任命店长。不是我不想任命店长，而是我有我的苦衷。所有员工都是新来的，在我了解到每一个员工的工作习惯、工作能力之后，他们却纷纷离职，再后来，我就亲自站吧台了。

与西元广场合作结束之后，阿布阿布咖啡馆将再次搬家，新店开张之后，我一定会任命店长的，因为我已经亲手培养了一位预备店长。

8.3 在阿布阿布工作过的女店员们离开咖啡馆后的生活

前些天读了作家廖信忠在其公众号上发表的文章《那些在咖啡店打工的小姐姐们，后来都去哪了？》，读完之后感慨万千，我也回想了每一位在阿布阿布咖啡馆工作过的小姐姐们，她们离开咖啡后都去哪里了？廖信忠只是时而泡一泡咖啡馆，而我这8年一直在经营自己的咖啡馆，在阿布阿布咖啡馆工作过的小姐姐们不知道比廖信忠见过的小姐姐们多到哪里去了。

不论你第一次来阿布阿布咖啡馆是何年何月，有99%的概率是一位小姐姐来为你服务。我不知道你最怀念的小姐姐是谁，反正我怀念每一位在阿布阿布咖啡馆工作过的小姐姐，每！一！位！

在大多数咖啡师的家长眼里，咖啡师好像不是什么正经工作，顶多算是服务员。所以每一个小姐姐在这里工作一段时间之后都会依依不舍地跟我说："我爸妈不让我在这儿工作了，他们给我安排了工作，我得走了。"见多了离别，我也不再像最初那样伤感，后来每一个小姐姐离开的时候，我都送给她一份祝福。诚如廖信忠所写，咖啡馆的工作很烦琐，工资又低，现代社会的生活成本高，所以小姐姐们不得不向生活低头，离开自己心爱的咖啡师岗位。

我想利用一些篇幅，为所有在阿布阿布咖啡馆工作过的女孩子们写一篇文章，感谢一下她们为阿布阿布咖啡馆付出过的青春。

2009 年，经田淼介绍，我认识了我的师傅冉倩，她教我做咖啡，教我如何经营咖啡馆，我一直不愿意把师傅当作店员，师傅就是师傅。

阿布阿布咖啡馆的第一个店员是我大学时的学妹，那时她的花名是某某珂，现在她的花名是珂大侠。没有珂大侠就没有阿布阿布咖啡馆的今天，珂大侠也是所有小姐姐中为阿布阿布咖啡馆付出最多的。目前珂大侠的工作非常诱人，在世界排名第一的游乐场当动物，不，演动物。

珂大侠离职之前培养了一个接替她工作的小姐姐，是一个花名叫静音小王子的姑娘，从新加坡留学回来，学的好像是设计。因为她会画画，所以我请她把咖啡馆门前的黑板画一下，她说这不是她作为咖啡师的工作，果断拒绝。我很难理解她的想法，我不知道她只是针对我还是针对所有和她想法不一样的人。静音小王子匆匆离职后我们就不来往了。

静音小王子之后来了一个叫茜茜的姑娘，茜茜年纪很小，我到现在都感觉她隐瞒了实际年龄，她是幼师的学生，在阿布阿布咖啡馆工作了一个暑假。茜茜大大的眼睛很招人疼，大眼睛忽闪两下，男顾客就会多点一杯冰淇淋球——茜茜觉得做别的产品都太累，抱着冰淇淋桶挖冰淇淋球最简单。茜茜上班的时候阿布阿布咖啡馆的营业额非常高，她离职后继续上学，听说毕业后做过一段时间的销售，后来也渐渐疏于联系了。

茜茜走后，老板娘辞去了工作，全职管理阿布阿布咖啡馆。期间接连来了好几个小姐姐，花名或真名分别叫作蛋挞、小漫、张卉、阿宝。这几个小姐姐绝对是阿布阿布咖啡馆店史上最能折腾的。蛋挞的折腾能力最强，搞阿布印社那段时间也多亏了蛋挞的协助，她也是刻橡皮章的达人。蛋挞离职后去了一家烘焙连锁企业做企划，西元广场店装修的时候我还在西元广场巧遇了蛋挞。小漫是一个文艺到骨子里的文艺女青年，她折腾的方式和蛋挞完全不同，她是一个活在自己世界里的姑娘。离职后的小漫帮她的表哥经营过一段时间的独立咖啡馆，失败之后开始背包旅行，漂了大半个中国，目前落脚杭州做新媒体工作。西元广场店开业后不久，小漫专程从杭州回郑州来看过我一次。张卉是第一个明确跟我表示想开咖啡馆所以才来打工的店员，她的折腾方式又不一样，我问她将来开咖啡馆用她自己这样的店员吗？她明确摇头表示不用。我也不愿意用啊，于是张卉就离职了，后来我们再也没有联系过，我也不知道她有没有开咖啡馆。阿宝在阿布阿布咖啡馆工作的时间非常短，短到我还不知道她真名叫什么，联系方式都没留下，她就匆匆离开了，离开后就再也联系不上了。到现在我只记得这是一个长相、打扮、举手投足都酷似郭采洁的小美女。

这四个小姐姐先后辞职后，店里来了 Vicky，一个酷爱英语的小姐姐，是继珂大侠之后第二个敢直接怼我的小姐姐，也是继珂大侠之后第二个工作最认真负责的小姐姐。Vicky 在阿布阿布咖啡馆工作过三段时间，所以和她共过事的小姐姐最多，她也可以算是阿布阿布咖啡馆的活化石。Vicky 目前在国际邮轮上工作，走北美航线，圆了她做水手的梦，也圆了她环游世界的梦。

第一个和 Vicky 搭班的小姐姐花名叫作西瓜，据说是因为喜欢吃西瓜。我常开玩笑说西瓜脖子以上是世界级美女。西瓜离职后去了加拿大，我和她断了联系，Vicky 和她倒是时常互动，据 Vicky 说西瓜已嫁为人妇，婚姻生活美满。

西瓜和 Vicky 在阿布阿布咖啡馆工作的时候，王小一也来工作过几天，没错，真的只有几天，没错，就是你们都知道的王小一，拇指姑娘乐队主唱子芙的老婆，王小一。王小一的近况不用我多说了，感兴趣的朋友可以去看她的微博，注意吃狗粮不要噎着。

西瓜离职后接班的小姐姐叫赵媛，那段时间我其他乱七八糟的工作特别忙，苏娘娘在家怀孕待产，赵媛的工作很辛苦，工作也很踏实。但是我俩的交流并不多，后来赵媛就离职了，我俩的联系也断了。

赵媛离职后 Vicky 也离职了，阿布阿布咖啡馆来了个小姐姐叫褚申宁。我常说小褚是阿布阿布咖啡馆史上最美女店员，没有之一。乍看她绝对不是吸引人眼球的那种美少女，但她越看越好看，越看越耐看，尤其一双水汪汪的大眼睛，非常迷人。小褚为了家族事业不得不离职，离开郑州回了南阳的家。回家后她把假发事业做到风生水起，前一段时间我去南阳看望她，她已经一身董事长范儿了。

小褚工作期间来过一个花名叫作小狼的小姐姐，还在上大学，状态不稳定，寒假期间工作过不长时间就走了，最近看她的朋友圈也看不出个所以然来，毕竟还是个孩子。

接下来大人物要登场了——此处应该有 BGM 和掌声——阿布阿布咖啡馆史上腿最长的小姐姐 Ivy 来了，一个脖子以下全是腿的小姐姐，一个在阿布阿布咖啡馆微信公众号上出镜最多的小姐姐，一个神奇的小姐姐。Ivy 来了之后，其他店员不论男女全离职了而且没有新人来应聘。那段时间我身陷各种乱七八糟的事情，苏娘娘在家喂养少帮主，Ivy 一个人上了很久很久的班，很遗憾与 Ivy 单独相处的时间非常少。后来 Ivy 考上了英国皇家××大学的研究生，学习 Human Digital 专业，不得不离职了。研究生毕业后 Ivy 选择回国，目前在深圳一家世界 500 强企业工作，金领。

接 Ivy 班的两个小姐姐都是阿布阿布咖啡馆的熟客，小轩子和兰天——排名不分先后。小轩子外表粗狂内心却住着个萌妹子，兰天外表清秀却是个不折不扣的女汉子。俩人在阿布阿布咖啡馆工作的时候时常闹矛盾，因为小轩子的大脑总是不在线，而兰天的性格又不可描述，两人矛盾一度激化，再后来俩人一起离职，现在俩人是好闺蜜。如今俩人各自在做自己喜欢的工作，可惜工作都非常忙，我只能与她俩在朋友圈互动。

小轩子和兰天走后，店里来了 Ivy 的闺蜜小沈儿，这个小姐姐不一般，她的故事我都不知道从何讲起，我当年是这么评价她的："智商情商双百。"现在小沈儿在国企工作，一身正气。

小沈儿走后我和老板娘独立工作了一段时间，Vicky 时不时来帮帮忙。

2015 年阿布阿布咖啡馆重新装修，我一口气雇了好多小姐姐：秦嫒、大大和七宝宝，Vicky 也第三次回来上班。

秦嫒花名叫作"圈儿"，是阿布阿布咖啡馆的资深会员，重度咖啡爱好者，在国际知名连锁大品牌咖啡店做一线咖啡师，被我的人格魅力所感召，自投罗网来了。圈儿的工作能力毋庸置疑，毕竟是国际知名连锁大品牌咖啡店的咖啡师，可惜圈儿是个多愁善感的性格，工作梳理得太文艺。阿布阿布咖啡馆闭店后，她选择自己去创业，创业之路艰辛，唯有祝福。

大大是一个学意大利语的姑娘，教会我意大利语的 espresso 怎么说。她来阿布阿布咖啡馆工作完全不为咖啡而是为了甜点，是苏娘娘最喜欢的店员。阿布阿布咖啡馆闭店后大大选择考研，结果没考上，目前在工作，大大发的朋友圈是我最爱看的朋友圈，然而高冷的大大却从不与我互动。

七宝宝是我最喜欢的小姐姐没有之一，也是少帮主最喜欢的小姐姐之一。可惜七宝宝只在阿布阿布咖啡馆工作了一个月，我这个脸盲症刚记得七宝宝长什么模样，她就离职了。七宝宝跟我说她要走的时候哭得稀里哗啦，我心里也一阵阵地难受，她和三岁的少帮主对诗的场景还历历在目。阿布阿布咖啡馆微信公众平台推送了一篇我写的送别七宝宝的文章，据说看哭了好多人。目前七宝宝在武汉一家全国知名的化妆培训学校工作，每天都把自己打扮得美美的，只可惜她工作太忙，我只能单方面与她互动。

后来只剩下圈儿和大大一直陪我和老板娘坚持到阿布阿布咖啡馆西元广场店闭店。

2016年立春，我把能联系到的小姐姐们都聚在了一起，请大家吃了一次火锅。

时间来到2016年夏天，阿布阿布咖啡馆搬到西元广场，通过应聘以及朋友介绍，开业时来了三个小姐姐，赛赛、毛毛和一昕——按出场顺序，到2016年年底，这三个小姐姐也纷纷离我而去，期间还有一个郑州大学的在校生叫春雨的来兼职过一段时间，也是一个很能聊天的小姐姐。

这几个小姐姐绝对都是工作能力超强的小姐姐，因为西元广场店的出杯量是国贸中心店的5倍，她们每天都在辛苦地工作、不停地出品。只可惜阿布阿布咖啡馆这个平台不能给她们更大的空间去施展自己的才能，只得纷纷离我而去。赛赛去做财务工作了，毛毛去做销售工作了，一昕去做自己喜爱的摄影了，春雨毕业后回老家在一家国企上班。

2016年最后一天，我和苏娘娘请这几位小姐姐吃了一次烤鱼。

再后来，在郑州咖啡圈打拼了五六年的小姐姐小牛来阿布阿布咖啡馆帮了两个月的忙。然后，阿布阿布咖啡馆就再也没有店员了。目前有两个学徒陈丽和小安妮跟着我学咖啡，也都是很漂亮很漂亮的小姐姐，但毕竟不能算店员了。

感谢Ivy——果然是出镜率最高的Ivy——远程帮我回忆这段历史。

8.4 开一家咖啡馆需要怎样管理员工?

独立咖啡馆一般都是创始人作为经营者直接管理,这其中有一些是夫妻店,有一些只有老板一个人,而大多数独立咖啡馆都雇有员工,管理员工是管理者要面临的一个大问题。独立咖啡馆不同于公司,也不同于连锁咖啡店,管理员工也是一门艺术。

我曾经和国际连锁咖啡品牌、国内连锁咖啡品牌、本地连锁咖啡品牌的店经理、各级区经理都聊过如何管理员工,不论直营店还是加盟店,规模化的管理依靠的只有"制度"二字。员工所有的工作都依照制度,管理者管理员工也依照制度,在制度之下,连锁咖啡店就像一台机器一样运转。我也曾尝试过用"制度"管理独立咖啡馆,结果行不通,不仅我这么做行不通,很多经营独立咖啡馆的同行也行不通。

看来独立咖啡馆管理员工真的需要一些"武功秘籍"。

厚厚的一本管理学读完,恐怕我们也难以将之应用在独立咖啡馆的管理中,事情都有普遍性,也都有特殊性,学会举一反三最重要,管理学里讲的都是理论,我讲的是赤裸裸的经验。

独立咖啡馆面积有大有小,出品有简单有复杂,所以员工可多可少,而且来独立咖啡馆工作的员工也大都自带文艺属性,一个比一个有思想,一个比一个有性格,如果经营者或管理者没点儿真本事,想管住这些人,让他们踏踏实实工作,着实是有些难度的。

我一直认为独立咖啡馆的员工是不能"管"的,一旦管"死了",员工就失去了灵性,独立咖啡馆就与连锁咖啡店无异了。制度在独立咖啡馆这里无法施展,管理者也犯不着买一台指纹打卡机来监督员工是否迟到早退。

独立咖啡馆规模再大也不会有太多员工,而且几乎不分岗位,很少听说过独立咖啡馆做咖啡的只做咖啡,做甜点的只做甜点,收银的只收银,擦桌子的只擦桌子,洗盘子的只洗盘子,每个员工都要能做店内的每项工作。在管理上要一视同仁,又得因人而异。借用过去耍猴艺人的说法,要"一个猴一个拴法"。

　　独立咖啡馆从规模上讲算不得企业，我也见过有很多员工的独立咖啡馆，但从管理层面上分析这些有很多员工的独立咖啡馆，和只有三两个员工的独立咖啡馆没什么区别，人多人少其实岗位都一样，并没有单独设置财务、人事、企划、后勤等部门，除了店长、吧台长，所有管理岗仍旧是老板一肩挑。这是几乎所有独立咖啡馆的现状，不过我认为这个现状可以维持，毕竟独立咖啡馆还是要有独立咖啡馆的格调的，搞成企业那样设置一大堆岗位，增加了支出，又不能收回成本，反而不利于独立咖啡馆的盈利。

Tips：独立咖啡馆的管理都带有创始人或经营者自己的特点，不论懂不懂管理学，面对一群"难管"的文艺青年，即使熟读管理学也是没有用的，懂点心理学兴许还能派得上用场。

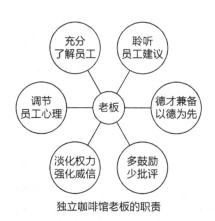

独立咖啡馆老板的职责

　　综合我多年和众多店员之间斗智斗勇的经历，我总结了6点经验，这6点经验不论对于老板还是店长，在管理员工时都是有帮助的。

1. 充分了解员工

　　要"管理"一个员工，首先就要充分了解一个员工。在独立咖啡馆工作的环境比较轻松，可以了解员工的爱好、经历等，实际经验告诉我：把独立咖啡馆的店员规范到条条框框里会影响他们工作的激情，独立咖啡馆是开给艺术家的，不是开给科学家的。

比如说娱乐新闻，现在年轻人都喜欢聊娱乐新闻，还有体育、电影、旅行、摄影等，都可以作为与员工沟通、了解员工的突破口。

充分了解员工需要了解员工的出身、学历、经验、家庭环境以及背景、兴趣、专长等，同时还要了解员工的思想，比如干劲、热诚、诚意、正义感等。这些是基础了解，了解一个人的成长经历和秉性，这些是不大会改变的东西，了解这些才能在管理时做到因人而异，有针对性地开发员工的最大潜能。在了解了这些之后，还要了解员工的动态，比如最近有没有什么困难啊，最近有没有什么开心的事啊，了解了这些才能真正做到"想员工之所想，急员工之所急"，在员工遇到困难时给予力所能及的帮助，在员工遇到开心事时能替他们开心。

我在阿布阿布咖啡馆的角色除了创始人、老板，还有一个很重要的角色是"知心大叔"。

2. 聆听员工建议

独立咖啡馆的工作环境与大企业不同，不能完全靠制度去管理，因此独立咖啡馆就要有比大企业更灵活的、带有人文色彩的管理方式。一个人的力量是有限的，众人拾柴火焰高，独立咖啡馆的管理者要多聆听员工的建议。

管理者并不能够时时刻刻都在咖啡馆，反而员工对咖啡馆的情况比管理者还要了解。今天遇到了什么样的客人，客人提了什么样的意见，这些意见往往都是员工最先接触到的。在员工把意见反馈给管理者的时候，管理者可以试着先让员工说说应该怎么处理这些意见，毕竟员工比管理者更了解工作中的实际问题。

很多咖啡馆的管理者多年不进行吧台操作或者干脆就不会做咖啡，在管理中就会犯"教条主义"错误，致使吧台操作动线不合理，员工在实际工作中就会很别扭。遇到这样的问题就需要积极听从员工的建议去整改，吧台操作动线流畅，员工操作才能便利，员工操作便利才能实现盈利。

聆听员工建议也不是没原则地听，作为管理者，需要拿捏好这个尺度。

3. 调节员工心理

有一个词叫"士气"，是过去带兵打仗用的，现在用在管理中也非常合适。士气高涨的员工更能提升工作效率，也能感染其他员工提升士气，还能给客人带来愉悦的体验感；士气低落的员工不仅工作效率低、影响其他员工的士气，严重时还会影响客人的感受。独立咖啡馆的管理者在管理员工时需要注意调节员工的心理，多多提升员工的士气。

在独立咖啡馆的层面上，可以用高薪、福利、奖励等形式，同时还可以辅以晋升机制、学习发展机会、工作环境的安全保障等给员工全方位的待遇，有了这样的待遇做基础，员工的士气肯定高涨。

从管理者本人来讲，可以多给员工一些"恩惠"，员工过生日时送一份小礼物，逢年过节时一起聚餐，突破营业纪录时发一个红包，这都是很好的方式。同时还要给员工创造宽松的工作环境，独立咖啡馆本就是一个轻松的地方，在管理时不要太刻板，尤其是在有客人的时候不要批评员工，这样会非常影响员工的士气。

调节员工的心理，让员工士气高涨，这样的独立咖啡馆一定是充满激情的，红红火火的。

4. 德才兼备，以德为先

独立咖啡馆的工作首先是要服务客人，其次才是制作产品。一个员工能不能做好咖啡，是"才"决定的，能不能服务好客人，是"德"决定的。

屈原说："夫尺有所短，寸有所长，物有所不足，智有所不明，数有所不逮，神有所不通。"每个人在能力、性格、态度、知识、修养等方面各有不同。独立咖啡馆在管理时要因人而异，但也要有所抉择，德才兼备固然是好，但这样的人才毕竟是少数，在有德无才、有才无德的选择上，我倾向于以德为先。咖啡馆是服务行业，如果不能服务好客人，做再好的咖啡也无济于事。

管理者在选择员工时就要睁大眼睛，在管理时也需要时时鞭策。

5. 淡化权力，强化威信

独立咖啡馆的老板应该是最不像老板的老板。在阿布阿布咖啡馆工作过的员工们敢当面批评我的就有好几个，敢当面向我提意见的就更多了。面对这种员工，我不仅不生气，还觉得很欣慰。这也是独立咖啡馆比普通企业有魅力的地方之一。

独立咖啡馆的管理需要人情味，要淡化权力，但是要强化威信。虽然员工们都敢向我提意见，但是我不怒而威，他们都很尊敬我。我见过很多独立咖啡馆的老板对员工吆五喝六（我本人最初也是这样），就想体验一把当老板的感觉。

其实这样并不好，在员工面前建立自己的威信是必需的，但是建立威信的方法有很多，不一定非得是利用权力，利用权力得到的威信都危如累卵。

在独立咖啡馆这个舒适的工作环境里，管理者和员工的关系还是要温馨一些比较好。

6. 多鼓励，少批评

经营独立咖啡馆 8 年，我批评过卢金锋和秦媛，因为他们是店长；其他的员工除了那几个把店门锁了偷偷跑去 LIVEHOUSE 看演出的之外，我没批评过任何一个，平日里都是鼓励。

在独立咖啡馆工作的大多是年轻人，尤其是现在，"90 后"已经算是"老人"了，要不了多久"00 后"就要"出道"了。年轻人的个性非常鲜明，我不喜欢打击这种个性，作为过来人我反而喜欢帮他们塑造个性，一个个性鲜明的员工能够给一家独立咖啡馆增色不少。但如果这种个性不太符合咖啡馆的气场，千万不要批评，要引导、要鼓励。

少批评不是不批评，遇到原则性的问题该批评还是要批评的，尤其是店长，我批评得最多。批评店长也不是无休止地批评，对待店长也要多鼓励。因为老板怎么对待店长，店长就会怎么对待员工。

这些就是我这么多年积累下来的管理咖啡馆的小心得，希望对大家有帮助。还是那句话：因人而异。

独立咖啡馆的魅力不就在于每一个店员都有每一个店员的个性嘛！客人要的是古灵精怪且有亲和力的店员，不是无聊呆板的操作咖啡机的人。

第 9 章

独立咖啡馆都是"卖老板"的

　　在如今这个酒香也怕巷子深的年代，独立咖啡馆的营销推广很艰难，因为营业的辐射区域很小，所以不适用"砸钱"做广告的推广方式；发微博、发微信朋友圈等又会淹没在信息的"汪洋大海"中；发传单不仅显得没创意，还显得没品位；靠朋友口口相传，传播速度与力度又不及网络传播。那么一家独立咖啡馆到底应该怎么做营销推广才能让更多的客人来消费呢？

9.1 老板是独立咖啡馆的吉祥物

我自诩咖啡做得好，隔壁公司的刘总说我："你是老板，不是咖啡师，你能不能站在一个老板的高度看看你的咖啡馆？即使你咖啡做得再好，你在咖啡馆也是老板，不是咖啡师，做咖啡的事情应该交给咖啡师来做。"我当时还有些不屑，我怎么就没有站在老板的高度上了？客人爱喝我做的咖啡，我亲自去给客人做又怎么了？可是后来我慢慢看清楚这个问题了，老板就是老板，不是咖啡师，不是会计，不是人力资源（HR），不是企划，是站在全局高度把控全店的，我把独立咖啡馆的老板比作"吉祥物"。

阿布阿布咖啡馆的吉祥物就是长颈鹿、猫头鹰和西郊小武。

☕ Tips：老板这个"吉祥物"在独立咖啡馆的宣传推广中非常重要，因为独立咖啡馆就是"卖老板"的，老板的一举一动、一言一行都代表着咖啡馆，是时时刻刻接受顾客监督的。老板的正能量能传递给咖啡馆，给咖啡馆带来收益；老板的负能量也会传递给咖啡馆，会严重影响咖啡馆的收益。

这一点在我经营阿布阿布咖啡馆之初就是这么认为的，也一直是这么做的，期间有一段时间听信"去老板化"的谗言，用"标准化"去经营管理，用冠冕堂皇的语言去和顾客沟通，渐渐失了人心，因此生意大受影响，幸亏发现及时并扭转局势，大事小情都亲自上阵，生意才渐渐回暖。

现在，阿布阿布咖啡馆还在坚定不移地"卖老板"。

Tips："卖老板"不是要把老板卖出去，而是要把"老板"作为独立咖啡馆的卖点，让老板走上前台，作为咖啡馆的吉祥物、形象代言人。很多内向的独立咖啡馆老板不愿意这样做，我认为大可不必扭扭捏捏，咖啡馆是你开的，你就大大方方地站出来和顾客沟通，虽然算不得公众人物，但在这个小空间里，你就是唯一的主角。

曾经有一段时间我不知道在哪里听了一句"独立咖啡馆要去老板化"的说法，说得跟真的一样，质疑独立咖啡馆靠老板来营销能靠到几时？这种"卖老板"的形式总给人一种不正规的感觉，而且"卖老板"的咖啡馆一般都做不大。

一心想做大的我听信谗言，在阿布阿布咖啡馆开展了轰轰烈烈的"去老板化"运动。那段时间在微博、微信公众号上与顾客互动都是很标准的"官话""套话"，搞得跟国际大企业的自动化客服一样。推广新产品也是一样，学习国际大连锁的形式，放弃掉我的个人标签，做那种很"糖水"的海报，我感觉阿布阿布咖啡馆终于要步入正轨了。可惜我当时并不知道，坊间甚至有流传我已经把阿布阿布咖啡馆转手了，我不再是阿布阿布咖啡馆的老板了。

阿布阿布咖啡馆并没有因此做大，反而因此流失了很多老顾客。当时有新客人来阿布阿布咖啡馆问的第一句话都是："你们这是连锁店吗？"装修、陈设、产品都没变，只是做了"去老板化"，为什么别人会觉得这是连锁店，不再是独立咖啡馆了呢？我思来想去好久才弄明白：因为"去老板化"了，我的"气场"不在了，咖啡馆没有人情味了，所以才让人觉得这是连锁店，这种感觉看不见、摸不着，就看老板用心不用心。

于是我重新扭转方向，用了好久才把错误纠正。

Tips：独立咖啡馆就是"卖老板"的，不要想着去做什么"去老板化"，如果世间所有的咖啡馆都千篇一律，那么客人"泡咖啡馆"又有什么意思呢？

吉祥物当久了难免有些知名度，虽不至于走到大街上被人认出来，但是真的会有人因为"西郊小武"这个形象专门来阿布阿布咖啡馆。"西郊小武"是我大学毕业之后一直在使用的网络 ID，我的所有网络社交账号都是这个 ID，听说过阿布阿布咖啡馆的几乎都听说过"西郊小武"。但"西郊小武"在阿布阿布咖啡馆就不再是一个网络 ID，是有血有肉、会在吧台给客人做咖啡的我。

老板就是一家独立咖啡馆的吉祥物，是一家独立咖啡馆营销宣传的中心点，由此向外发散，联结到各个点，两个点互相联结构成线，线构成面，面再构成体，营销推广就成为一个整体了。

9.2　借助豆瓣网打造文青聚集地

2009 年的寒冬，我正在热火朝天地筹备自己的咖啡馆，很多朋友都在问我怎么打广告："是在电视上做广告啊还是在报纸上做广告啊？"我反问他们："广告费你出啊？"别说做不起主流媒体上的广告，公交车站、户外广告牌的发布费用都贵得惊人，就连阅读量不高的某些杂志也收费颇高。

广告做不起，可咖啡馆的宣传还是要做的，不宣传怎么会有人知道呢？

阿布阿布咖啡馆最开始的宣传是靠身边的朋友口口相传。如今大家都有微信，大事小情发条朋友圈，身边的朋友们就都知道了，朋友再帮你转发一条，一传十，十传百，只要内容过硬，传播速度很快，传播效果惊人。阿布阿布咖啡馆刚开张的时候虽然没有微信，但是有 QQ，发一条 QQ 心情，再在 QQ 空间写一篇文章，群发到 QQ 群，瞬间知道我要开咖啡馆的朋友也不少。但是相比于目标客群的数量，身边的朋友就显得人数不多了，再剔除不愿意喝咖啡的、不愿意做传播的，剩下的就更少了，那时候也没有智能手机，只能晚上回家用电脑上 QQ，传播效果差强人意。

利用 QQ 宣传只能达到这个效果，有交集的朋友们都知道我要开咖啡馆就行了，对于营销宣传我根本不着急，因为有豆瓣网啊。豆瓣网是一个社区型网站，用豆瓣网创始人的话说，豆瓣网"一直致力于帮助都市人群发现生活中有用的事物"。我在都市里开咖啡馆，算是对文艺青年有用的场所，所以我把豆瓣网这个文艺阵地利用了起来。

经过我的悉心打造，豆瓣ID"西郊小武"在郑州豆瓣有了相当的知名度，阿布阿布咖啡馆也成为那些年郑州文青的聚集地。

Tips：社区型网站或者社区型APP对独立咖啡馆而言是一种有效的宣传渠道，类似于早期网络上的论坛，能够把一类特定人群聚集在一起，这个功能可以帮助独立咖啡馆有效地筛选顾客，做精准的软广投放。

豆瓣网有好多产品——当年没有现在多，"豆瓣同城"和"豆瓣小组"都是比较适合独立咖啡馆做宣传的。

豆瓣同城是用来发布线下同城活动的，便于有共同爱好的豆友们参与活动，线下同城活动的场地一般都是在独立咖啡馆，阿布阿布咖啡馆就主办过很多郑州豆瓣的线下同城活动。豆瓣同城有一个特点就是任何注册用户都可以发起同城活动，只要你的活动吸引人就会有人来参与，所以刚开咖啡馆时我疯狂发活动，不管活动吸引不吸引人，不管活动有没有人来，我的理念是只要发了，就会有人看见，只要多一个人看见，宣传效果就会因此好一点。

豆瓣小组的定位是"对同一个话题感兴趣的人的聚集地"，功能类似于网络论坛，一个小组就是一个板块，大家在感兴趣的小组中可以发帖、回帖。我在"郑州豆瓣"小组很活跃，一时间成为叱咤风云的人物，慢慢地大家开始关注我，豆友们都想知道这个"西郊小武"是干什么的。后来豆友们都知道我是开咖啡馆的，就纷纷来捧场，那时候郑州的独立咖啡馆很少，豆友们可以去活动的场所很少，所以阿布阿布咖啡馆早期的熟客几乎都是从郑州豆瓣小组转战来的，还有不少外地豆友慕名而来。

豆瓣网还有一个很重要的板块就是"我的豆瓣"，每个注册用户都能够发布广播、照片、日记等，还能标记自己看过的电影、读过的书、听过的音乐，类似于个人博客，但又比博客的功能强大一些。只要稍微用些心，就能把"我的豆瓣"做得很充实、很有可读性。因为我比较用心，所以"我的豆瓣"就非常充实、非常有可读性。我把自己拍的照片、写的文章都发布在"我的豆瓣"，关注人数还比较多。我在"我的豆瓣"不发布阿布阿布咖啡馆的广告，只是写开咖啡馆的心得。毕竟没人愿意看硬广告，大家只喜欢听故事。

Tips：网络营销的方法说起来也简单。网络社区可以帮独立咖啡馆做客群分类，便于独立咖啡馆做软广的精准投放，独立咖啡馆的老板也要融入网络社区，和网友讨论，和网友交朋友，把自己的人设定位清晰、饱满，这样为咖啡馆引流就水到渠成了，而一味发广告是不能起到引流效果的。

早些年我在豆瓣网疯狂地发布活动时，几乎一天一个活动，打开豆瓣同城，郑州的线下活动几乎都是阿布阿布咖啡馆主办的。田淼看不下去，问我为什么要这样做。我说我要做宣传啊，我要让别人都知道阿布阿布咖啡馆啊。田淼问我："如果没有豆瓣了怎么办？"我说："没有豆瓣也得有别的，放心吧。"

感谢豆瓣网这个阵地，阿布阿布咖啡馆最初的宣传推广做得非常好，时至今日我依旧感谢豆瓣网，感谢豆瓣网的创始人阿北——虽然我并不认识他，他也不可能认识我。

还要感谢那些来过阿布阿布咖啡馆的豆友们，虽然我们断了联系，但是，我想念你们。

9.3 微时代的到来改变了独立咖啡馆

微博取代博客那一刻意味着"微时代"到来了，随之而来的微信更是改变了我们的社交方式。微时代信息的传播速度更快，传播的内容更具冲击力和震撼力。微时代的到来是基于智能手机的功能日趋完善，人们恍然发现，原来传播交流信息乃至进行情感沟通仅仅通过百余字，甚至一个表情符号就完全可以实现。网络微产品所带来的不仅仅是互联网的新形态，也是媒体传播的新格局，独立咖啡馆在宣传推广时也要借助这股"微势力"，从而达到更好的宣传效果。

阿布阿布咖啡馆于 2010 年年初就注册了新浪微博，后来因为掌管密码大权的拾柒姑娘把密码忘了，而且也记不得注册邮箱地址，于是 2010 年 10 月阿布阿布咖啡馆又重新申请了一个微博，使用至今。

阿布阿布咖啡馆于 2012 年在微信公众平台注册了公众号，那时候微信公众平台刚刚开放，很多功能都不够完善，阿布阿布咖啡馆的公众号由几个店员掌管着密码，每天乐此不疲地推送着消息，虽然关注的人数非常少，但是互动很好。

一开始我并没有把"微产品"当作宣传推广的主力平台，任由店员随便玩耍，后来我重视了微产品的推广能力，就亲自写微博、写公众号推文。阿布阿布咖啡馆的公众号曾推送过一篇阅读量达 100 000+ 的推文，关注人数猛增，这更让我意识到微时代的到来真的可以给一家独立咖啡馆带来积极的改变。

在我热火朝天地用豆瓣网推广阿布阿布咖啡馆的时候，田淼问我："如果没有豆瓣了怎么办？"我说："没有豆瓣也得有别的，放心吧。"果然，在豆瓣网逐渐淡出我们生活的时候，微时代来了。

Tips: 微时代的到来彻底颠覆了之前互联网的游戏法则，开启了全新的互联网思维方式。以前用豆瓣网做宣传，是王婆卖瓜，自卖自夸，自己宣传自己；微时代到来之后，出现了很多关注吃喝玩乐的自媒体，他们运营的微博和公众号需要内容，就会主动为有意思、有调性的店铺做宣传，再结合店家自己的宣传推广，宣传效果自然好了很多。

微时代的到来造就了很多微博大 V，这些大 V 大多都是团队运作的，而且团队同时经营着很多微博账号。作为独立咖啡馆，阿布阿布咖啡馆没有那么庞大的团队来经营微博，毕竟我是靠咖啡赚钱的，不是靠流量赚钱的。不过即使这样，我也同时经营着 3 个微博账号：@ 阿布阿布咖啡馆儿是阿布阿布咖啡馆的官方微博账号，用来宣传阿布阿布咖啡馆的产品、活动，与会员、粉丝互动；@ 长颈鹿阿布流浪记是阿布阿布咖啡馆的吉祥物长颈鹿的微博账号，用来发布主题摄影"长颈鹿阿布流浪记"的照片；@ 阿布阿布的西郊小武是我的个人微博账号，发布的内容有浓重的我的个人情感。此外还有一个虚拟微博 @ 阿布阿布咖啡馆的咖啡机，并没有真正注册，只用来互动。

Tips: 关于发微博，某明星发两个字"我们"和一张图就能带来上万的评论、转发，甚至有明星因为微博的评论数超过 1 亿而打破吉尼斯世界纪录。反观独立咖啡馆精心策划发布的内容都不一定能被所有关注者周知。发微博如同玩游戏，要想赢就要弄懂游戏规则，微博自己也在不停地改进版本，不同的版本也有不同的游戏规则，规则很复杂，独立咖啡馆要尽快适应。

在这个内容至上的微时代，微信公众平台作为微信旗下的产品，借助微信庞大的用户量，造就了很多成功的自媒体，他们凭借优质的内容，打造出优质的公众号，赢得了数量庞大的粉丝。这些自媒体的成功，也给了很多怀揣梦想的年轻人以激励，当然也包括我这样的老文青。

阿布阿布咖啡馆微信公众号虽然开通得早，但是粉丝数量一直不多，这也是独立咖啡馆只能服务本地所局限的，服务不到的群体不会关注一家去不到的独立咖啡馆。我认为这是好事，因为受众群体的"标签"很明显，独立咖啡馆的公众号可以更精准地推送受众需要的内容。

2012 年年末，阿布阿布咖啡馆注册了微信公众号，恰逢阿布阿布咖啡馆绿城百合店开业，第一条推文就是告诉大家绿城百合店试营业了。那时候编辑图文消息也没有现在这么便捷，经常推送纯文字消息，大多数内容都是推送店里发生的有趣的事情，如果觉得没什么可写的，就推送一条小笑话。那段时间我对公众号不是很上心，也并不觉得它能够达到非常好的宣传效果，就让店员们自己摸索着自娱自乐。

2014 年时我开始意识到公众号对于独立咖啡馆宣传的重要性，就开始自己写推文，而且坚持每天一篇，也正是在这个阶段，阿布阿布咖啡馆的公众号开始积累粉丝。新闻专业出身的我对于写东西可以说是手到擒来。推文质量有保证，因此阅读量较高，互动也很多。

2015 年 6 月 22 日，阿布阿布咖啡馆公众号的推文"不认识这几个字，你还好意思说你是河南人吗？"在经历 15 天的持续发酵之后，阅读量达到100 000+，公众号关注人数瞬间翻番。这是我坚持每天写公众号推文的最大回报。

公众号因为其"关注后才能接受推送"的特殊性，不会是一个好的引流工具，而是一个维系客户黏性的工具。在坚持写推文的这几年中，这是我不断摸索才得出的经验。

后来微信公众平台不断地改进版本，公众号的功能也逐渐转变，很多餐饮同行的公众号都变成了服务性质，不再以推送内容为主了。现在微信小程序的开发和使用，更扩大了公众号的服务性质，便于商家维系会员。

Tips：最近，我个人以及我身边的朋友们都开始逐渐取消关注一些公众号，这是趋势，也是必然。在未来，微信公众平台不会消失，应该会继续改进，我相信越来越多的自媒体还是会投身公众号，越来越多的商家、品牌还是会利用公众号来做运营推广，只是方式方法会有很大的改变，独立咖啡馆不能拭目以待，而要严阵以待。

现如今各个城市都有很多关注本地吃喝玩乐的自媒体，运营团队都是年轻人，公众号都有数量庞大的粉丝。对于独立咖啡馆来讲，自媒体庞大的粉丝数量非常诱人；对于自媒体来讲，独立咖啡馆的调性非常利于他们做内容。"两心相悦"之下，自媒体和独立咖啡馆就特别愿意合作。

阿布阿布咖啡馆国贸中心店在经过重新装修之后就吸引了很多郑州本地的自媒体来采访，这些自媒体挖掘"点"的能力都非常强，在他们笔下，阿布阿布咖啡馆是一家非常适合女生拍照的咖啡馆；阿布阿布咖啡馆是一家真正以咖啡为特色的咖啡馆；阿布阿布咖啡馆的老板是一个敢辞去公务员工作来开咖啡馆的老板；阿布阿布咖啡馆的老板是一个热爱河南文化为河南方言造字的老板……

我衷心感谢每一个采访过阿布阿布咖啡馆的自媒体。

Tips：微时代到来之后，短平快的自媒体越来越多，传统媒体就显得臃肿不堪，尤其是在这个内容至上的年代，谁的内容好，受众就愿意为谁的内容买单。对于独立咖啡馆而言，在传统媒体上做一次宣传的费用都够再开一家店了，而在自媒体上做一次宣传，有很多时候是不用花钱的，只要咖啡馆有意思，很多自媒体愿意主动帮独立咖啡馆做宣传。

除了微博和公众号，微时代还带来了秒拍、直播等网络产品，很多年轻人都通过这些网络产品拉近了自己与世界的距离，也通过这些网络产品改变了自己的生活。阿布阿布咖啡馆也进行过网络直播来推广咖啡文化。对于独立咖啡馆来讲，非常需要与时俱进，利用好网络产品，利用好微时代。

我希望所有独立咖啡馆在微时代都能成功。

9.4 开一家咖啡馆需要怎样做营销推广?

历经选址、装修、定菜单、买设备、设计视觉传达系统，一家独立咖啡馆终于可以开业了。开业之前的每一步都很简单，都有经验可以借鉴，都有模板可以参考，哪怕是多花一些钱，总能把这些事情一件一件做成。看似一切就绪只待开张大吉，万事俱备只欠东风。可是"东风"最难借，"东风"说的就是营销推广。

我见过不少独立咖啡馆前期准备工作做得很用心，甚至可以用万无一失来形容，真是面面俱到，选址在繁华中不失宁静的街角，装修低调奢华有内涵，沙发柔软舒适，灯光不明不暗，菜单符合客群定位，产品结构合理，视觉传达系统设计精美，看似一切都好，结果因为宣传推广没做到位，开业不久就草草收场。

有一个经典的市场营销学问题：同样是全球知名企业，麦当劳为什么在电视上做广告？星巴克为什么不在电视上做广告？苹果为什么不在电视上做广告后来又在电视上做广告？答案很简单，就是为了营销推广，做广告是为了营销推广，不做广告也是为了营销推广，不做广告后来又做广告也是为了营销推广。大企业做营销推广尚且艰难，独立咖啡馆自然更是艰难。但是独立咖啡馆不能因为营销推广很艰难就放弃，而是要迎难而上，因为世上几乎没有不做营销推广就能卖出去的产品。

Tips：不论选址、装修，还是定菜单、买设备，包括设计视觉传达系统，都是花一分钱、努一分力，就能成一分事，付出与收获是成正比的。唯独宣传推广的付出与收获是不成正比的，餐饮行业、整个服务行业乃至整个市场中都流传着一句话："消费者是最不忠诚的。"宣传推广的难度由此可见一斑。独立咖啡馆的营销推广没有成型的模板可以套用，独立咖啡馆的老板千万不要幻想运用"拿来主义"，在营销领域，别人成功的案例放在你身上不一定会成功。我们只能分析案例，研究案例，从中找到规律，找出适合自己的营销方式。

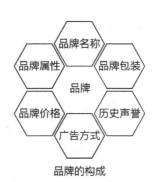

品牌的构成

独立咖啡馆应该怎么做营销推广呢？我认为可以分为两部分，一部分是品牌的营销推广，一部分是产品的营销推广。

我认可符合市场规律的营销活动，抵触超常规的营销方式。我读大学时学过"新闻策划"，老师在课上专门讲道："新闻策划不是策划新闻，你们将来如果走上新闻工作岗位，一定要有职业操守，新闻事件的报道工作是可以策划的，但是新闻事件是不能策划的。"

还有一些独立咖啡馆的老板喜欢"借用"别人成功的营销案例来为自己的产品做营销，我认为这也是不可取的。每家咖啡馆都有自己的调性，每家咖啡馆的受众群体喜好也不尽相同，"借鉴"别人的营销案例之后要演变出符合自己特色的营销方法，直接"借用"不仅不能取得和别人一样的成功，还有可能会适得其反，引起顾客的不适。

市场营销学的老师说"营销无学"，没错，营销推广从来不能依靠现成的模式去做，只能依照规律、结合自身实际情况去做。

很多独立咖啡馆老板都比较高冷，不愿意去做主动营销。我觉得大可不必这样，高冷不是一个褒义词，况且开咖啡馆也是一门生意，是要服务顾客的，一幅高冷的面孔，拒人千里之外，还开什么咖啡馆啊？听一位喜欢喝咖啡的朋友说过，她趁假期去外地旅行，在一家独立咖啡馆点了一杯咖啡，那家咖啡馆只有老板和老板娘在，从我朋友进店到离开，就没见到老板和老板娘的微笑，自始至终一副高冷面孔。这种消费体验简直差到极点。

Tips: 现在已经不是那个"酒香不怕巷子深"的年代了，打开手机应用看一看，附近有哪些咖啡馆一目了然，不做营销的咖啡馆就会被那些会做营销的咖啡馆打败，没有人开咖啡馆是以赔钱为目的的，即使赚钱不是第一目的，但想要达到自己的目标，也得依靠生意的良性运转才能实现。所以做好营销推广非常重要。

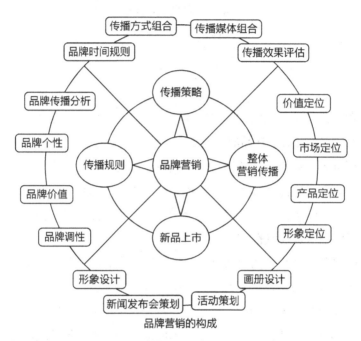

品牌营销的构成

　　品牌营销是一项全方位、立体化的活动，不是单单靠发一条微博、出一张海报就可以的了。从筹备开店的时候就要同步开始做品牌营销了。不论书上还是网上，说到品牌营销必谈两个词："品牌定位"和"品牌联想"。这些都是以品牌的视觉传达系统为基础的。

　　很多人对"品牌"这个概念是有误解的，认为品牌就是牌子，就是品牌的名称。其实不对，品牌是一个系统性的工程，它是一个整体、一个系统，是消费者在品牌接触点（店铺、产品、广告、网站、员工等）产生的一种体验的总和。世界著名广告人大卫·奥格威（David Ogilvy）就品牌曾做过这样的解释："品牌是一种错综复杂的象征，它是品牌属性、名称、包装、价格、历史声誉、广告方式的无形总和。品牌同时也因消费者对其使用的印象，以及自身的经验而有所界定。"

　　品牌属性、名称、包装、价格、历史声誉、广告方式的无形总和，独立咖啡馆也一样不能少。

品牌定位包括市场定位、价格定位、形象定位、地理定位、人群定位、渠道定位等。独立咖啡馆在做品牌定位的时候一定要清晰,很多人开咖啡馆的目的不够明确,满脑子想的都是文艺,这万万不可取,生意就是生意,要符合生意的规律,品牌定位要找准,要想明白再开店。

品牌联想就是消费者对品牌或产品的联想,通常是象征性的和抽象的。产品销售与品牌联想之间具有比较强烈的关联,因此独立咖啡馆在塑造品牌形象时应该利用各种不同的营销渠道,竭尽所能地为品牌建立并累积正面的品牌联想,进而在消费者心中形成一个持久性的印象,更能巩固品牌的市场优势。

很多专家、学者著书立作阐述品牌营销时都提到了品牌营销需要注意的几个要素,无非"质量至上""用户至上""诚信至上"之类,这些大道理大家都懂,却是很多品牌在实际营销活动中容易缺失的。明代心学集大成者王守仁最先提出"知行合一",什么是知行合一?就是道德意识和道德践履,知而不行,等于不知。独立咖啡馆在做品牌营销的时候一定要做到质量至上、用户至上、诚信至上。

Tips: 品牌营销的话题三天三夜也讲不完,一定要记得,独立咖啡馆就是独立咖啡馆,不要复制别的行业经验,一家独立咖啡馆也有一家独立咖啡馆的调性,也没有经验可复制,唯有经营者踏踏实实积累,才能得到想要的结果。

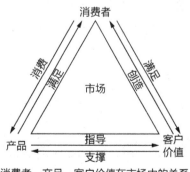

消费者、产品、客户价值在市场中的关系

说到产品的营销推广,很多独立咖啡馆老板以为自己写几句漂亮的"鸡汤"文案,产品就能大卖,消费者可不傻。在销售产品的时候要找准目标消费群体,找准目标消费群体的"痛点",并结合自己产品的特点和优势做文案,再配合产品试用，才能得到好的营销效果。用户是需要"养"的，日久才能生情，没有人会心甘情愿地成为陌生品牌、陌生产品的用户。

什么样的人喝咖啡？什么样的人喜欢泡咖啡馆？我的咖啡馆能提供什么样的咖啡？我的咖啡馆能提供什么样的环境和服务？我应该怎么和这些人建立联系？想明白这几个问题，营销推广活动就好做了。

有的人喝咖啡是为了提神，有的人喝咖啡是为了品鉴，有的人喝咖啡是为了彰显自己的个性，不分高低贵贱，这都是喝咖啡的人。有的人泡咖啡馆是为了喝咖啡，有的人泡咖啡馆是为了办公，有的人泡咖啡馆是为了社交，有的人泡咖啡馆只是为了消磨时间，也不分高低贵贱，这都是愿意在咖啡馆消费的人。

一家咖啡馆的功能是有限的，不可能同时接纳所有的人。咖啡馆出品商业咖啡，价格低廉，口感醇厚，适合提神的客人；出品精品咖啡，价格昂贵，风味悠扬，适合品鉴的客人。精品型咖啡馆适合喝咖啡，商务型咖啡馆适合办公，休闲型咖啡馆适合社交，主题型咖啡馆适合消磨时间，各有不同。

任何一家咖啡馆的产品、环境、服务都只能符合一部分消费者的消费需求。找准定位之后，如何与消费者建立联系，就靠营销推广了。一份恰到好处的文案必不可少，一条通畅的渠道必不可少。文案这个事情不是手把手可以教出来的，我的建议是多看成功案例，先依葫芦画瓢，多思考，再慢慢摸索出适合自己的文案风格。

Tips：早些年营销讲究"全面撒网，重点捕鱼"，现在这样做就不行了，现在大家都在做"点对点"的精准营销，如果还像过去那样"有枣没枣打三竿子"再说，耽误了自己的时间不说，还容易带来负面影响。建立良好的商家与客户之间的渠道，营销推广就事半功倍了。现在比较流行会员营销，独立咖啡馆建立会员机制就是建立渠道，维系客户，保持客户黏性，更利于推广产品。

营销推广只是一种科学的思路，更多的细节还是需要经营者、管理者在实际工作中摸索的，在科学的指引下，必须要沉淀，才能有好的效果。

第 10 章

像我一样开咖啡馆

我经营阿布阿布咖啡馆 8 年，8 年时间对于一个品牌来说并不长，但是对于一个人来讲，一个人能有几个 8 年？8 年对于独立咖啡馆来讲，也是一个很长的时间，细数一下我们知晓的独立咖啡馆，又有几家做到了 8 年时间？我把人生这 8 年的时间和精力全部投入到阿布阿布咖啡馆的经营管理中，却只做了一件事，那就是"坚持"。想开一家独立咖啡馆的朋友很多，我希望你们都能像我一样开咖啡馆，无他，唯坚持尔。

10

10.1 让朋友成为客人，让客人成为朋友

很多朋友在开咖啡馆之前都非常担心刚开始会没有生意，怕不能坚持下去。其实根据我的经验和观察，独立咖啡馆前期的生意往往会非常好，因为亲朋好友们都会来捧场，反而是亲朋好友们捧过这一波，生意平淡下来之后才更应该担心。

俗话说得好，一个篱笆三个桩，一个好汉三个帮。开门做生意，前期肯定要靠朋友捧场，阿布阿布咖啡馆开业不到一个月就是我的生日，我没有举办开业聚会，而是在我生日的时候办了一个生日聚会，那天来了很多朋友，朋友们也都很捧场，成为了阿布阿布咖啡馆第一批忠实顾客。

没有不开张的油盐店。阿布阿布咖啡馆还没开业，就卖出一杯热牛奶，真正开业了之后，虽然不敢说顾客盈门，但也算是每天人来人往了。每天接待这么多客人，咖啡馆这门生意做的就是口碑，靠的就是回头客，一来二去，跟很多熟客都成了朋友。

☕ Tips：让朋友成为客人，让客人成为朋友，是独立咖啡馆的待客之道。

经营阿布阿布咖啡馆 8 年，如同开了 8 年的火车，有客人从第一站就上车一直跟着我成长了 8 年；上车晚的客人也有要跟我一起开到终点站的；但更多的客人只是过客，上车下车，匆匆而过。

上周我接到一个陌生号码的电话，打来电话的人口气很不客气，就像是相识多年的老朋友那样随意，劈头盖脸就问："哎呀！你可算接电话了，你的店呢？"这人问得我一头雾水，号码不熟，声音也不熟，我忙问他是谁，说了半天终于明白了，这人当年在郑州上大学，闲暇时间喜欢到阿布阿布咖啡馆消磨时光，后来毕业回老家工作，这次来郑州出差，一定要再到阿布阿布咖啡馆去看一看，结果阿布阿布咖啡馆已经从国贸中心搬到了西元广场，他扑了空。我连忙表达歉意，但是在他看来，再多的歉意都不能让他再回味一下当年的时光。

赵小悦姑娘在今年教师节给我发来祝福，她说虽然没跟我学过咖啡，但是一直叫我武老师，也算在教师节应个景。我深深地记得赵小悦第一次来阿布阿布咖啡馆时的情景。那是一个下午，她和闺蜜一起来的。我坐下来和她们一起聊，从下午聊到太阳下山，从傍晚聊到深夜，聊到天荒地老，聊到赵小悦险些错过回学校的末班车。现在根本想不起来聊天的内容，不过从那次聊完，赵小悦就成了阿布阿布咖啡馆的铁粉。2010 年我拍了一部实验电影叫《我叫刘国亮》，赵小悦那时恰好在大学读编导专业，她帮我在学校找群演，帮我做脚本，帮我拍摄和剪辑，直到最后成片，还在阿布阿布咖啡馆搞了首映式。一晃 8 年了，赵小悦第一次来阿布阿布咖啡馆时才刚上大学，现如今她已经是"北漂"的职场白领。

费尔南多是我在阿布阿布咖啡馆结识的巴西朋友。费尔南多 2010 年来到中国，在郑州的一家外语教育机构当老师。刚来中国的费尔南多水土不服，常常生病，身边又没有朋友，那段时间他很痛苦。他的一个中国同事带他来阿布阿布咖啡馆，请我多和他聊聊天。我用蹩脚的英语和费尔南多聊了一个下午，聊足球、咖啡、中国、巴西，聊得很开心。渐渐地，我俩成了无话不谈的好朋友。后来费尔南多常来阿布阿布咖啡馆，因为睡眠质量不好他不能喝咖啡，苏娘娘专门为他配了一款助眠安神的花茶。费尔南多在中国收获了爱情，娶了一位漂亮的郑州姑娘。后来费尔南多回巴西生活了一段时间，他说回巴西之后还是会想念中国，他计划去重庆工作，但是一定要先来郑州看一看，看一看阿布阿布咖啡馆。离开郑州去重庆工作，费尔南多自己创办了一家幼儿外语教育机构，他的普通话也越说越好。去年圣诞节他回巴西，买了一包巴西咖啡送给我，他说咖啡虽然不贵，但这是巴西超市卖得最好的咖啡，巴西人都爱喝，他妈妈在家都是煮这个咖啡。我不知道他学过"千里送鹅毛，礼轻情意重"这句成语没有。

默默，一个小小的姑娘，第一次来阿布阿布咖啡馆不是我接待的。据她后来跟我回忆，她第一次来阿布阿布咖啡馆的时候因为心情不好，来了之后感受到了温暖，心情变好，所以就喜欢上了这里。默默是一个文艺女青年，喜欢旅行，喜欢电影，喜欢诗歌，喜欢咖啡。她参与了阿布阿布咖啡馆新 Logo 的票选，是唯一一个同时投票给长颈鹿和猫头鹰的人。默默特别喜欢笑，我从未见过她有不开心的时候。默默结婚前来阿布阿布咖啡馆找我，问我结婚是一种什么样的体验，她说她特别羡慕我和苏娘娘的状态。我跟她说处理婚姻关系很简单，就是谦让和包容。那天我跟默默聊到咖啡馆打烊，一起坐公交车回家又聊了一路。默默应该把我说的话都记下了，她结婚后依旧特别喜欢笑，也没有减少来阿布阿布咖啡馆的次数，因此我判断她结婚后的状态非常好，应该是她想要的状态。默默是一个幸福的姑娘，有一份好工作，有一个好老公，有自己的爱好，夫复何求？

戴理人称戴老板，洛阳人，当年在郑州读研究生。他第一次来阿布阿布咖啡馆是为了看一场欧洲冠军联赛的直播，AC 米兰对巴塞罗那，戴老板点了一杯蓝莓摩卡，他说他喜欢吃蓝莓。当时同来的还有韩晓龙和陶然，他俩也是第一次来，那天晚上我们四个人一起看的球赛，也因共同爱好成了好朋友。那场比赛后不久，晓龙和陶然结婚，我和戴老板同去参加婚礼，他很激动，说那是他第一次在郑州参加婚礼。看球相识之后，戴老板每到周末必来阿布阿布咖啡馆，不仅和我成为无话不谈的朋友，还能和所有店员甚至几位熟客打成一片，其"交际花"的能力由此可见一斑。那段时间我和苏娘娘经常带着店员、熟客在下班之后吃烤串喝啤酒，戴老板、废老板、张兰天是雷打不动的三个。戴老板总是饭桌上的主角，天文地理无所不知、不所不晓，谈吐又幽默，总是引得大家哈哈大笑。戴老板研究生毕业后到广州工作，后来又辗转去成都工作并在成都收获爱情，娶妻生子。戴老板只要来郑州一定会来阿布阿布咖啡馆，上次他来郑州赶上郑州下暴雪，不过他依然出现在了阿布阿布咖啡馆。

周嫣嫣，虽然比我年纪小，但是我依然敬称一声嫣嫣姐，是一位自媒体的编辑，中间人介绍她来采访我，宣传阿布阿布咖啡馆。来采访时，嫣嫣姐背着一台白色的佳能 100D 数码相机，因此我对她印象深刻。嫣嫣姐不说她多大你绝对以为她是 90 后，因为她活泼可爱，加之圆脸又显小，惹得人见人爱花见花开，后来听说她已经结婚，让我欷歔不已。跟嫣嫣姐成为朋友不是"一见钟情"，是"日久生情"，我一向不把自媒体的编辑当作客人，可以当作朋友也不能当作客人，因为来采访的自媒体编辑几乎都不会再来消费。嫣嫣姐"深度"采访我，所以她很了解我，可是我并不了解她。那次采访之后也联系得比较少，虽然加了微信好友但也不常互动，后来阿布阿布咖啡馆搬家，我再次联系她做线下活动，才渐渐熟络，彼此发现对方的三观都很正，于是成为无话不谈的好朋友。有一次嫣嫣姐来阿布阿布咖啡馆玩，走的时候我送她回家，一路上她向我说了很多埋藏已久的心里话，更让我歔欷不已，原来嫣嫣姐活泼可爱的形象背后也有很多辛酸。嫣嫣姐耿耿于怀没有早点认识我，没有早点来阿布阿布咖啡馆。网上有句话是这么说的："你的童年我没有参与，你的未来我奉陪到底。"我猜这一定是嫣嫣姐说给阿布阿布咖啡馆的心里话。

☕ Tips: 不要羡慕阿布阿布咖啡馆的故事，你的咖啡馆会有更精彩的故事。

写到这儿根本收不住，我想写的人太多太多，如果有机会我还想写一本书，书名就叫《我当司机你乘车——记阿布阿布咖啡馆的熟客们》。我打心底里感谢这些变成朋友的客人们，他们不计回报地支持阿布阿布咖啡馆，听朋友转述还有默默支持从不发声的客人，我甚至不知道他们姓甚名谁、长什么模样。唯有感谢。

阿布阿布咖啡馆的留言簿上有一句没署名的留言最让我感动："或许我曾做过的最好的事，就是对你一如既往并且未曾动摇地坚持。"

10.2 我为中原官话正字

2015 年是我最轰动的一年。

2015 年 6 月 22 日，我在阿布阿布咖啡馆的公众号上发了一篇推文，标题是《不认识这几个字，你还好意思说你是河南人吗？》，正文内容是我为河南方言常用的、但写不出来的 18 个字造的字。阅读量是完全出乎我预料的 100 000+。

河南话即中原官话，在河南地区广泛使用，在山东西南部、安徽北部、江苏北部、山西南部、陕西关中、宁夏南部、甘肃东部、湖北西北部、青海东北部、新疆天山以南地区等地也有使用，使用人口多达 1.67 亿。作为河南人，我是非常热爱河南方言文化的。很多河南人都能意识到，有些字在河南话中使用频率很高，但是现代汉语字典里没有匹配的常用字。早已习惯打字聊天的现代人，如何才能俏皮地使用方言打字聊天呢？

于是我突发奇想造了这18个字。又突发奇想在公众号发了推文，并且用了"标题党"格式的标题。当时预想阅读量能到1 000就行，没想到当天就过5 000了，而且每天都在持续增长，到第15天终于达到100 000+，并成功引起轰动。

我在网上粗略搜了搜，有50多个公众号在未取得我授权的前提下侵权转载，而且他们侵权转载的阅读量最少的也都过万了。我为河南方言造字这件事引起了《大河报》的关注，经过采访我之后，《大河报》在文化版面做了整版的报道。紧接着电台、电视台的各个民生节目纷纷来采访我，一时应接不暇；地方台挨个采访我之后，中新社驻河南记者站居然也来采访我了，采访的视频被放在了中新社的网站上；最让我意想不到的是《新闻和报纸摘要》节目居然也播了我为河南方言造字的新闻。

很多朋友都问过我造字这个事你赚了多少钱。我从没想通过造字这件事直接盈利，造字卖钱根本就是不可能的事情，谁会傻到去花钱买这些东西？我看到的是这件事对阿布阿布咖啡馆的营销推广的帮助。这些东西都是隐性的，不好用数值来衡量的，所以直到今天，我都没有计算出我实际的收获是多少。在媒体纷纷报道之后，我印制了一套卡片，取名"中原官话正字卡"，每个字一张卡片，一套一共18张，我亲自设计，内容包括每一个字的字形、字音、注释、造句。我带着"中原官话正字卡"去参加了几场创意市集活动，凡是看到的人们看过之后都说好，真正愿意花钱买的人却屈指可数。我印象颇深的是一位老大爷，因为眼花，举着字卡看了好久，一张张全看完，激动地说："这个好啊！这个好啊！还有很多字没有总结到，你要努力继续整理下去啊！"我说："整理这个需要资金支持的啊，要么您买一套字卡支持一下吧？"老大爷转脸走了。看，想凭这件事盈利几乎不可能。

后来有朋友说他能让这些字盈利，我想了想还是算了。我也没打算让这些字盈利，只是自己图个开心，给还愿意说河南话的人一个乐子就好了。我要的是经验，不是钱。只有我自己知道我通过造字这件事收获了多少经验，在今后我可以借助这些经验继续搞"大事情"。

为河南方言造字这件事没有促进阿布阿布咖啡馆的生意，但是我却因为这件事收获了很多。对于一家独立咖啡馆来讲，老板就是代言人。我为河南方言造字这件事引起的轰动，就相当于阿布阿布咖啡馆引起的轰动。我从大学毕业起就一直想搞一件"大事情"，这次终于成功地搞了一件"大事情"，对于学传媒专业的我来讲，有第一次就能有第二次。

至于这个事情是不是提前策划好的，可以说是，但又不完全是。策划肯定是策划了的，但是并没有策划到这么大的局面，只是希望在相对大的范围内引起一下河南人的共鸣就够了，毕竟阿布阿布咖啡馆辐射能力有限，即使让全世界人民都知道这件事也并不能够提升多少营业额，找到精准定位的目标人群才是我应该做的。我期望的目标人群都读到了这篇公众号推文，而且都认可我做的事情，其实我已经算成功了。

2017 年起，我开始策划一件新的"大事情"，主题叫"跟着西郊小武去踢馆"、我要利用我的空余时间去全国各地拜访独立咖啡馆。说是踢馆，其实就是去学习，每一家独立咖啡馆都有自己的特点和值得学习的地方。2017 年我拜访了 6 座城市的 14 家独立咖啡馆，这件事才刚刚开始，我还有很多工作要做。

10.3　知乎，与世界分享我开咖啡馆的知识、经验和见解

知乎是一个真实的网络问答社区，用户在此分享彼此的专业知识、经验和见解，这是我最近这两年最常访问的网络社区。2013 年 3 月，知乎向公众开放注册，我就通过我个人的微博账号关联并注册了知乎。

我通过知乎收获了别人分享的知识、经验和见解；我也通过知乎向全世界分享了我开咖啡馆的知识、经验和见解；通过分享，我也把阿布阿布咖啡馆宣传了，可以说是一举三得。而且真的有客人是通过在知乎上看到我的分享后专程来阿布阿布咖啡馆的。

我知道很多独立咖啡馆的创始人、优秀的咖啡师也都在知乎上分享自己的知识、经验和见解，这种形式的宣传推广非常正能量。

我在知乎注册很早，但是答题很晚，因为我总是在汲取。

我在知乎回答的一个问题是："咖啡馆为什么养猫？"

我的回答是这样的：

作为小咖啡馆的老板，我也想说几句。

我的咖啡馆周边有 N 多咖啡馆，我知道的至少有两家是养猫并且以猫作为噱头的，其中一家甚至店名都带"猫"字。

有不少来我店里的客人进店的第一句话是："你家有猫吗？"我的回答一律是："没有。"别着急，我还没说完。这样的客人有两种举动，一是扭头就走，二是坚定地进来坐下。二者的比例接近一比一。

猫的确是招人喜欢的动物，而且如 @cytherea 所说，咖啡馆照顾流浪猫的确有很多好处，一个愿意照顾流浪猫——哪怕是自己花钱买的猫——的咖啡馆的老板，至少是个有爱心的人，那么她（他）的咖啡馆应该也不会差到哪里去。

但是，这里我要唱唱反调，说说那种因为我的咖啡馆没有猫而留下的客人，他们经常吐槽有猫的咖啡馆的几乎都是这么一句话："咖啡里都能喝出来猫毛。"好吧，知道我为什么不养猫了吧？因为我更追求咖啡的品质。

似乎偏题了，我想回答的是咖啡馆为什么不养猫。

那一段时间"猫咖"甚嚣尘上，夸张到咖啡馆老板不养猫都不好意思跟同行打招呼，而阿布阿布咖啡馆就不养猫。我不养猫不是不喜欢猫，而是因为猫真的会掉毛，掉毛真的会影响咖啡的品质。

在知乎答题我非常谨慎，生怕答错。虽然这种经验分享类的问题没有对错之分，但我也不想因为我的疏忽或者不专业而影响到别人。我的特长是开咖啡馆和萃取咖啡，所以我会选择关于咖啡知识的问题回答。

我回答过这样几个关于咖啡知识的问题，这里也可以分享给大家。

问：

海南和云南产的咖啡口感有什么差异？

答：

这个问题我还是懂一些的。

总感觉上面三位说的都对，但都不对题。

题主问的是口感，你们一个介绍树种，一个讲烘焙，另一个完全就是给云南咖啡做广告。

先说云南：云南种植的咖啡几乎都是阿拉比卡种，又称小粒种，小粒种下面又有多个亚种，种植较多的是卡蒂姆种，最古老的是铁皮卡种，还有一些新品种比如S288、卡杜艾之类的。卡蒂姆种是杂交品种，口感醇厚，但是不干净，尾段有杂味，常用作速溶咖啡和拼配咖啡；铁皮卡种醇厚度高，味谱干净，非常好；其他的品种没喝过，不敢贸然评论。

再说海南咖啡，海南种植的咖啡都是卡尼弗拉种，又称中粒种，罗布斯塔种是中粒种的变种，如果按照常规的烘焙机去烘焙，那么罗布斯塔种的咖啡完全不能喝，又苦又涩，只能去做速溶咖啡，但是海南咖啡秉承了东南亚咖啡的制作工艺，生豆采用铁锅炒制，在炒制的过程中还要加入辅料（辅料过去很多，现在很少，你懂的），冲泡时还要加入糖和奶或炼奶，喝起来有浓郁的奶香，但是不是一般人能喝惯的，况且，这么喝咖啡，与现在所谓的精品咖啡品鉴大相径庭，所以一般不讨论海南咖啡。

纯手打。

问：

咖啡的起源是怎样的？世界各国咖啡文化的发展有何区别？

答：

楼上说了这么多外国的，我说说中国的吧。我不是摘抄的，也不是复制的，我是用自己的语言总结的，转载请注明出处和作者，谢谢。

中国种咖啡的省份很多，但是出名的有云南、海南和台湾地区。其余如贵州、广东、广西、四川和福建，要么是自然环境条件不好，要么是种植规模不大，暂且不论。

云南咖啡的种植历史说法不一，但是业界普遍认可的是1900年前后法国传教士带到云南的，所谓的中国第一株咖啡苗种在云南一个叫朱苦拉的地方（关于传说，网上有很多，大家可以找来看）。当年种植在云南的咖啡都是铁皮卡种（小粒种咖啡下面的亚种）。现在去云南旅游，大家都能看到大街小巷都在卖云南小粒咖啡。现在喝咖啡都比较讲究，专业的咖啡器具，专业的萃取方式，专业的品鉴方法，其实在原产地（也就是种植咖啡的村子）当然不是这么喝的了。试想1900年的时候，连电都没有，怎么做咖啡？当然是火！我看过一个讲云南咖啡的纪录片，那里喝咖啡很简单，采摘来的咖啡经过去果皮处理、脱壳处理，然后就直接拿铁锅炒了（没有烘焙机），杵碎（没有磨豆机），放在瓦罐里用水煮（没有咖啡机），一群人围坐在火堆旁，看着中间瓦罐里的咖啡煮熟，分享，边聊天边喝咖啡。这就是生活。

海南咖啡的种植历史很简单，四个字："实业救国"。陈显彰先生的事迹大家也可以百度，这里不再赘述，只讲咖啡文化。海南咖啡不是小粒种咖啡（阿拉比卡种咖啡），而是中粒种咖啡（卡尼弗拉种咖啡），也有人称罗布斯塔种，常喝咖啡的人都知道，罗布斯塔种咖啡又苦又涩，难以下咽，但是东南亚那边的人喜欢喝这个，他们用铁锅炒制咖啡豆，还要再加上牛油、白糖、盐、炼乳等，估计讲到这儿就有人已经知道了，对，最典型的就是马拉西亚白咖啡（我说的不是速溶咖啡，不懂的不要装懂），去过东南亚的朋友应该都喝过那种浓乎乎稠乎乎又甜到腻的咖啡，没去过东南亚的朋友可以看看阿牛拍的《初恋红豆冰》。扯远了，说海南咖啡，海南这个地方，适合种中粒种咖啡，比东南亚适合，于是，当时海南咖啡就大多出口东南亚了。在海南兴隆、福山这些当年广泛种植咖啡的地方，现在咖啡种植园的面积逐年减少，但是保留下来的也都是按照东南亚方法炒制咖啡豆——速溶咖啡不在我的讨论之列，去海南旅游，很多咖啡馆只卖海南兴隆咖啡——有些人说不好喝，那是因为这种咖啡很独特，内地人很少喝得到，也算是一种咖啡文化了。

"再说台湾咖啡，台湾咖啡大多是小粒种的波旁亚种，与云南的铁皮卡亚种不同。我对台湾咖啡的了解也非常少，因为没有去过台湾，也没有喝过台湾咖啡，只是有缘见过一次台湾阿里山咖啡的生豆，看起来含水量还是比较高的，瑕疵率极低，豆粒也比较均匀。至于台湾地区喝咖啡的文化，我实在不了解，不敢多说。

我的一位云南籍战友就在老家普洱种咖啡，我俩经常在微信上"抱头痛哭"，做咖啡馆不容易，种咖啡也不容易。中国咖啡之路任重而道远。

问：

应届毕业的女生可以做什么小生意？

答：

每个女生心里都有一个咖啡馆。

我觉得这是我在知乎上回答得最精彩的问题——没有之一，简直是可以上知乎日报的回答，结果，这个回答只收获了三个赞，没有评论。可是真的是每个女生心里都有一个咖啡馆的呀！

好尴尬呀！

问：

你因为什么喜欢上喝咖啡？

答：

谢邀，咖啡馆老板来答一发。

先说论点：咖啡并不是坏东西，没必要妖魔化。

我为什么喜欢上喝咖啡？问我这个问题的人很多，我自己也常常回忆我到底是因为什么喜欢喝咖啡的？说一个不负责任的回答："因为咖啡好喝呀。"其实喜欢喝咖啡也是循序渐进的，因为做了这个行业，所以总能喝到更多的好喝的咖啡。

经常有人问这样的问题：咖啡、茶是苦的，为什么人们却很喜欢喝？其实这个问题很简单，不论咖啡还是茶叶，苦只是表象，香才是内涵。还有很多人在妖魔化咖啡、咖啡馆以及咖啡产业，我觉得完全没必要。

至于"咖啡是有什么魅力令一个咖啡文化基础接近零的国度开始热衷于喝咖啡？"这个魅力的确不能言表，就像欧洲贵族最开始接触红茶的那一刻就不可救药地爱上红茶一样，因为谁也不能拒绝好东西，是吧？或者举一个更不恰当的例子：重庆火锅店是不是全中国比比皆是？这是什么魅力？就是美味的魅力。咖啡好喝不好喝，仁者见仁智者见智，世间没有任何一种食物是全世界人民都接受的，就好比榴莲，正因为争议多，才是好食物。咖啡就是这样让人着魔，每一个产地的咖啡豆都带着标志性的地域之味，无论如何也仿不出来。这就是咖啡的魅力。

我们吃重庆火锅非得去研究重庆火锅的文化吗？所以，我们不需要知道咖啡文化，就从现在这一刻，试着喝一杯咖啡吧。

分割线。

回答一年之后，为什么又有人邀请我来答这道题？那就再多说几句吧。

恰好昨天一位熟客带了一位我不认识的朋友来我店里买咖啡豆，说是要送人。那位朋友自己并不喜欢喝咖啡，偶尔喝喝速溶，现磨现煮的一定得加糖加奶才喝得下。聊到尽兴，那位朋友问我为什么喜欢喝咖啡？我说我喝咖啡已经是习惯了，算不得喜欢不喜欢了，如果非得说爱好，相比喝咖啡，我更享受烘焙咖啡豆以及萃取咖啡时的过程。这个也好理解，好厨子不一定是美食家。

我的咖啡馆最近在尝试 10 元咖啡，我想把一杯咖啡的价格拦腰砍半，为的就是让更多的人能够喝一杯咖啡，或许有很多人是喜欢喝咖啡的，只是被咖啡店高昂的价格给拒之门外了。咖啡不是什么高大上的东西，只是有别于一杯白水而已。

喝咖啡不是喝白水，如饮甘饴，余味无穷。在知乎上看别人的回答亦如饮甘饴，余味无穷。自己开咖啡馆亦如饮甘饴，余味无穷。

感谢知乎给了我一个大平台，让我吸取营养，让我分享。

10.4　坚持的意义

我常说我能做 8 年咖啡馆都源于坚持，可是坚持的是什么？坚持的意义又是什么？这不是一两句话能说明白的。

2016 年年底，在升达大学校园里经营邂逅时光咖啡馆的袁哥给我打来电话，邀请我去参加一个活动，是他的一个学弟负责的，类似于美国的 TED Talks。我说这不好吧，TED Talks 都是名人参加的，我能给别人分享什么啊？袁哥说就分享分享开咖啡馆的经验嘛。我想了想，答应了。在民安路的一家潮汕牛肉丸火锅店的小包间里，水汽氤氲的火锅映衬下，推杯换盏之间，邂逅时光咖啡馆的袁哥、慢蜗牛咖啡馆的姬姐、让咖啡艺术空间的让哥还有我，我们四个人答应水涛兄弟参加他创立的"素朴人物剧场"。

"素朴人物剧场"是在郑州人民广播电台的演播厅里录制的，舞台布置简约，和 TED Talks 的舞台类似，突出人物，弱化舞台效果。正式录制时台下还有观众。那天演讲的效果特别好，我演讲的题目是"坚持的意义"，语言很流畅，节奏把握得也好，一本正经中又不失幽默，台下观众的互动也很好，所有的包袱都响了。虽然没有经久的掌声，也没有美女上台献上鲜花，但是我依然很满足，因为我讲的内容如我所愿地引起了观众的共鸣。

站在舞台上接受观众的掌声，那一刻真的很满足，但是我知道，我不是明星，我没有偶像包袱，我只是借助更大的平台分享了我的故事，仅此而已。开咖啡馆这么多年来，因为爱好写作，我写过很多文章，长的洋洋洒洒万余字也有，短的寥寥百十来字也有，感谢我自己有个好习惯，大多数文字都留了下来——这次写书又通过网络找回很多，我只希望这些发布在网上的文章能给后来者以借鉴。

或许从这么多文字中就能找到坚持的意义。

附："坚持的意义"演讲稿

接到水涛的邀请很突然，我心说我就是个做咖啡的，一没成绩，二没贡献，怎么让我来和大家分享东西呢？但是我和几位同样被水涛邀请来的前辈兄长们聊了聊，经过他们的开导，原来我也是有东西可以分享的，所以我今天站在这里一点也不觉得脸皮厚，只是有点紧张。

我今天本要讲"坚持的意义"，但是这个题目有些假、大、空，我思考了很久也没思考出坚持的意义，索性简单分享一下我自己坚持的两件小事吧，看看能不能抛砖引玉，引发大家的思考。感谢素朴能给我梳理与总结这一阶段生活的机会。

大约半年前，知乎上有一道题邀请我回答，题目是"长期坚持做一件事是一种什么样的体验？"。恰好当天我去万象城参观了一个朋友的摄影展，他从

2011 年起就带着一只电影《机器人总动员》里瓦力的布偶拍照，坚持每天给瓦力拍一张照片，拍他生活着的郑州。之所以说是拍他生活着的郑州，是因为他拍东西的视角与人不同，很独特，他就这么每天坚持拍，拍了 5 年多，2 000 多天，终于，有人给他办了摄影展，他所做的事情也被越来越多的人所熟知，或许从我的这位朋友来讲，坚持的意义就是用他自己的镜头记录了我们生活着的城市的一点一滴的变迁，他就是历史的记录者。

2012 年年底之前，大家都在忙着等待世界末日的到来。而那段时间我特别焦虑，因为我实在想不出来做什么促销的策略，大家都在疯狂消费，却没有人来我的咖啡馆消费，焦虑之余，我只能从别处寻求心灵的慰藉。我也算专业的摄影爱好者，也时常带着相机拍拍照、扫扫街，不如我也找一只布偶每天拍一张照片吧，看我能坚持多久。于是我跟那位拍瓦力的朋友说了我的想法，他说挺好的，他支持我，鼓励之余还给我一些建议。说干就干，我在网上淘了一只长颈鹿的布偶，自 2013 年的 1 月 1 日起，我开始了我的"长颈鹿阿布流浪记"主题摄影。这么一坚持，到今天我已经坚持了 4 年，1 400 多天，从未间断。这中间我也有拍不下去的时候，也有过迷茫不知道拍什么的时候，也有过工作忙到想放弃的时候，但是我都咬牙坚持下来了。我做这件事没有任何回报，也没有任何外因，只因为当初自己想试试坚持做一件事情看能不能成功，为了给自己一个说法，到今天也就这么一直坚持着，我也想在拍到第 2 000 天的时候有人能帮我做一个摄影展。或许到那时，我的坚持的意义才能更深刻。

总有人问我在拍摄中有什么趣事或是印象深刻的事。每天拍照，每天都是新的，我做这件事理解的人很少，尤其是陌生人，对被拍照还是心存抵触情绪的，所以有很多我想拍的人和事都拍不到，但乐趣还是有很多的。郑州地铁 1 号线开通之前搞了一次媒体开放日活动，我受邀去参加活动，同去的人们都带着长枪短炮，而我带着我的长颈鹿；他们冲着地铁站和车厢一通拍照，我却一直在拍我的长颈鹿，用第三视角记录着郑州地铁的诞生。很多人看到了我在拍长颈鹿也都忍不住跟着我一起拍，那个时刻，我很欣慰，我很开心。我拍长颈鹿还有几个小专题，一个是每个月拍一个郑州的城市雕塑。郑州的雕塑有很多，有大型的主题雕塑，也有街角、公园里的雕塑小品，作为一个土生土长的郑州人，我有义务把这些雕塑用镜头记录下来，但如果只是单纯地记录又显得很单薄，所以我把长颈鹿放在雕塑旁边一起拍，虽然有到此一游的意味，但也是一种乐趣。还有一个小专题是拍"塔",尤其是到其他城市去玩,我在给长颈鹿拍照的时候往往会选择这座城市有特色的地方拍,而很多"塔"都是一座城市独有的,所以在很多地方我都拍了塔,咱们郑州的二七塔、中原福塔、新密的屏峰塔,还有广州的小蛮腰广州塔、上海的东方明珠塔,在西塘旅行时我还拍了小镇上古药师禅寺的药师塔。正因为有了这些小专题,才让"长颈鹿阿布流浪记"这个大专题变得更加有趣,也让我每天的拍照不再茫然。

给长颈鹿每天拍一张照片我坚持了四年,还有一件事我坚持了七年,那就是经营一家独立咖啡馆。2009 年年底,在我大学毕业一年半的时候,我辞去了工作,开了一家小小咖啡馆。当时的想法很单纯,一是想给自己和朋友一个娱乐的空间,也就是今天说的第三空间;二是想赚钱。没错,做生意都是以赚钱为目的的。2009 年年末、2010 年年初,那时候郑州的独立咖啡馆很少,而那时的豆瓣网又很纯粹,所以我的咖啡馆在短短半年时间就开始不赔钱了,就开始积累大量客户了,就开始有知名度了。因为之前没有做过生意,我看到这个状况后就有些飘飘然了,而且,这个状况还持续了较长的时间。到 2013 年年底之前,我从未对我的经营担心过,虽然也因为外部事物有过几次荒废,但也都坚持过来并很快扭转局面:比如我忙着结婚的时候,恰好又招不到店员,咖啡馆有小半年的时间处于半营业状态,我也曾想过转让,等忙完婚礼再从头来过,但最终都坚持下来并越来越好。

餐饮行业的三要素是产品、环境和服务,三者缺一不可,而在我开店之初把环境看得太重,虽然标榜咖啡好喝,但也仅仅是标榜。随着我对咖啡认识的不断提升,我对咖啡品质的要求也不断提升,到 2014 年我开始接触咖啡豆烘焙,开始接触精品咖啡,就下定决心走专业路线,不再以环境来吸引顾客。转型的阶段很痛苦,2014 年的经济环境又开始下滑,加上自身对顾客的进一步筛选,咖啡馆的生意开始滑落,不过好在还能坚持。2015 年上半年,我对咖啡馆进行了一次彻底的装修,就是为了打造更加专业的咖啡馆,同时又不能失去格调。新装修的咖啡馆的确火了一阵子,但很快就又归于平静,毕竟在现阶段咖啡之于二线城市还是一件休闲的道具,上升不到刚需和品鉴的高度,说白了就是不接地气。我做咖啡馆做到第六年,不断提升自己,不断充实自己,生意反而越做越差,我不服!

2015 年是我做咖啡最艰苦的一年,一方面要提升自己,另一方面又要维系顾客，说服之前的顾客去接受精品咖啡，这两方面都是需要花钱的，但来钱的渠道越来越窄，所以我很痛苦。自己辛辛苦苦做的好咖啡没人赏识，只能孤芳自赏。那段日子我不止一次想放弃，在朋友圈里发过很多牢骚，负能量满满，结果形成恶性循环，越着急越没生意，越没生意越着急。好在我心爱的老板娘心态乐观，我俩相互鼓励，抱团取暖，我做咖啡，她做甜点，总算是不忘初心、坚持信念，就这么一直坚持下来了。当然，这中间也要感谢不离不弃的客人们，没有他们用实际行动支持，我也走不到今天。2015年的我，不停地学习、研究、观察，终于，我豁然开朗，找到了自己的方向。事情还源于我和老板娘带着儿子去了一趟西塘。那时是西塘的旅游淡季，景区里没有什么人，客栈里也只有我们一家人，我每天坐在河边安静地晒太阳，终于，我想明白了。有一个小故事，讲的是一只小兔子每天都在河边钓鱼，但是从没钓上来过一条鱼，但兔子日复一日在坚持，终于有一天鱼忍不住了，说："你怎么还用胡萝卜钓鱼啊？"没错，我就是那只用胡萝卜钓鱼的兔子，胡萝卜是兔子喜欢的，但并不是鱼喜欢的。同样，精品咖啡是我喜欢的，但并不是客人喜欢的。很多客人对咖啡的需求仅仅是提神，他们对咖啡馆的需求就是找个放松的地方。一杯动辄三五十元的咖啡会让很多人望而却步，为什么我不能卖既便宜又好喝的咖啡呢？我在行业里做了6年，我可以找到性价比高的原料，我可以摸索出快捷出品的方式，我可以做出一杯十元的现磨好咖啡啊！如果有一个租金低、人流量大的地方，我完全可以实现我的理想啊！找到了方向，我从西塘回来之后就不再纠结，我开始了按部就班的工作：找原料、探索模式、试验产品，一旦进入工作状态，整个人的精神面貌都好了起来，工作进度也很快。机会永远都会给有准备的人，我坚持了六年半的时间，终于迎来了我的第一次机遇：一家商场找到我，愿意给我一间小铺子，以较低的租金请我入驻做咖啡。2016年6月，我的新店开张，主营十元现磨好咖啡。

新店经营半年了，我的咖啡事业也坚持了整整7年，我的感觉从未这么好。

讲了这么多，若再问我坚持的意义是什么？恐怕我仍然讲不出来，但是我知道："坚持不是盲目的，坚持会让自己变得更强大。"很多即将开咖啡馆的年轻人总喜欢找我取经，在技术层面之外，我只有两个字送给他们：坚持。

我曾写过一篇文章，题目叫"郑州不能没有阿布阿布咖啡馆"，因为当时有一位私交非常好的咖啡馆老板在他最困难的时候对我讲：小武，你要坚持下去。

于是，我就坚持下来了。

10.5　开一家咖啡馆是种怎样的体验？

2015 年夏天，阿布阿布咖啡馆国贸中心店正在升级改造，同时在知乎上有知友邀请我回答"自己拥有一间餐厅或者咖啡馆是怎样一种体验？"，我一直在跟装修，很忙，所以就没有回答，不过也一直在构思答案，等装修完再去回答时已经和当时想的不一样了。当时觉得这道题太大，我回答这道题得写一本书，没想到，这次真的写了一本书。

我第一次坐下来认真写答案恰好是父亲节，那天我在阿布阿布咖啡馆的留言簿上写下了一段话："我要做一个好爸爸，我要在儿子成年的时候，把阿布阿布咖啡馆给他。"

把咖啡馆留给儿子这个想法也是忽然想到的，儿子很喜欢新改造好的阿布阿布咖啡馆，我俩坐在吧台上照了一张相，他很开心。把咖啡馆传给他的那一天，我想会是在我 45 岁的那一天。我 25 岁时做了阿布阿布咖啡馆，到 45 岁的时候正好 20 年，我希望到那时，我可以放下阿布阿布，去做一家梧桐树下的、有院子的、围墙上爬满蔷薇花的小小咖啡馆，可以卖手冲咖啡、可以讲故事。

我当年决定要开咖啡馆的时候，我的父亲不同意，他的理由是"开咖啡馆是吃青春饭，你老了怎么办"？开咖啡馆怎么能是吃青春饭呢？看看欧洲，看看日本，有那么多百年历史的老咖啡馆，在吧台做咖啡的都是头发花白的老爷爷，他们把青春乃至一辈子都奉献在了咖啡馆，我也可以把一辈子都奉献给咖啡行业。所有人都觉得咖啡馆是开给年轻人的，但未来一定会有咖啡馆是开给老年人的。到那个时候，头发花白的我也会精神矍铄地站在吧台，为南来北往的客人亲手做一杯咖啡，然后坐在梧桐树下，静静地讲我开了一辈子咖啡馆的故事。

我第二次更新这个问题是一个盛夏的午后。

那天中午，宝哥来阿布阿布咖啡馆，送来一个自家种的西瓜，我们切了半个吃，很甜，剩下半个放在冰箱里，留着以后慢慢吃。那天下午，小土堆来阿布阿布咖啡馆，送来几串刚摘的葡萄，我们洗洗吃了一串，很甜，剩下几串也放在了冰箱里，留着以后慢慢吃。

开咖啡馆最幸福的事是什么？就是朋友时时刻刻都能想着你，这个空间是我的，也是朋友们的。

阿布阿布咖啡馆经常会收到朋友们送来的各种咖啡豆、土特产、小零食、小礼物，还会收到世界各地寄来的写满了暖心话语的明信片。我最开心的就是朋友们都能想着阿布阿布咖啡馆，不论走到天涯海角，阿布阿布咖啡馆都是他们的牵挂，是除了家之外最想念的地方。我不在乎有没有礼物，也不在乎礼物的轻重，我在乎的是阿布阿布咖啡馆这个"家"够不够温馨，能不能留得住大家。

我第三次更新这个问题是深秋的一个夜晚。那天下午我在张姐的茶馆喝茶，圈儿给我发微信说二哥来了，于是我辞别张姐返回咖啡馆。我与二哥私交甚笃，他那时也经营着一家独立咖啡馆——时时咖啡。

回到阿布阿布咖啡馆看到二哥在跟他的朋友谈事，我没有打扰。二哥谈完事他送朋友出门回来，还未开口他的电话便响了。二哥接电话没有避讳我，电话那头的内容我听不到，但是从他的话语中，我听出他遇到了一件棘手的事。二哥的电话打了很长的时间，以至于天色渐渐变暗，以至于楼下的花园路开始堵车，望不到头的红色尾灯从农业路一直向北蔓延到了东风路、北三环、再往北。直到天黑透，二哥才挂了电话，但是时间已经不允许我俩做过多的交谈。二哥只说了一句："小武，你要坚持下去。"说完二哥就走了。

我感觉二哥这句话太沉重。我为二哥匆匆赶回阿布阿布咖啡馆，二哥只说了一句"小武，你要坚持下去"。

二哥看似不经意实则意味深长的那句话"你要坚持下去"，是压在我肩上的一副重担。我肩负的不仅仅是一家咖啡馆的生死存亡、养家糊口的生活压力、3名员工的职业生涯、肩负的更是郑州咖啡馆行业的一块阵地。

这么多年，我一直很低调，我通过阿布阿布咖啡馆传达给客人的也是我的低调。8年了，太多独立咖啡馆都闭店了，而阿布阿布咖啡馆还在经营。8年了，有很多希望我能坚持下去的人不停地在鼓励我，同时，阿布阿布咖啡馆也是他们努力生活的精神寄托。

我会坚持。因为郑州不能没有阿布阿布咖啡馆。

自己拥有一家咖啡馆的体验绝不是三言两语能说得明白的，开店越久，感触越深。通过写这本书，我把经营管理阿布阿布咖啡馆的经验梳理成体系，同时也回顾了经营阿布阿布咖啡馆8年的历程，探索了经营独立咖啡馆未来的思路，希望能给读到这本书的朋友们以帮助。

如果你像我一样心里也有一家咖啡馆，那就赶紧行动起来，像我一样开咖啡馆，别等了。